非洲简史

从人类起源到种族、宗教与革命

［法］凯瑟琳·科克里-维德罗维什 ◎ 著

（Catherine Coquery-Vidrovitch）

金海波 ◎ 译

PETITE HISTOIRE
DE L'AFRIQUE

民主与建设出版社

© 民主与建设出版社，2021

图书在版编目（CIP）数据

非洲简史 /（法）凯瑟琳·科克里－维德罗维什著；
金海波译. -- 北京：民主与建设出版社，2017.12（2021.3 重印）
ISBN 978-7-5139-1853-4

Ⅰ.①非… Ⅱ.①凯… ②金… Ⅲ.①非洲—历史
Ⅳ.① K4

中国版本图书馆 CIP 数据核字 (2017) 第 299768 号

版权登记号：01-2017-9154

PETITE HISTOIRE DE L'AFRIQUE by Catherine Coquery-Vidrovitch

©Editions LA DECOUVERTE, Paris, France, 2011, 2016 (www.editionsladecouverte.fr)

Current Chinese translation rights arranged through Divas International, Paris (www.divas-books.com)

非洲简史
FEIZHOUJIANSHI

作　　者	（法）凯瑟琳·科克里－维德罗维什
译　　者	金海波
责任编辑	刘树民
封面设计	仙境
出版发行	民主与建设出版社有限责任公司
电　　话	（010）59417747 59419778
社　　址	北京市海淀区西三环中路 10 号望海楼 E 座 7 层
邮　　编	100142
印　　刷	三河市华东印刷有限公司
版　　次	2018 年 2 月第 1 版
印　　次	2021 年 3 月第 2 次印刷
开　　本	710 mm × 1000 mm　1/16
印　　张	16.5
字　　数	178 千字
书　　号	ISBN 978-7-5139-1853-4
定　　价	45.00 元

注：如有印、装质量问题，请与出版社联系。

无论人们对非洲这片古老的土地有着怎样的偏见与误解，

不可否认的是，

不管在以前还是未来，

她将一直影响着整个世界！

序 言

我写这本书的想法源自我的一位非洲裔朋友。几个月前，她请我为她的女儿推荐一本有关其祖先来历的历史书籍，而她的女儿是一个土生土长的法国人，从小在法国长大，无论是在课本上，还是在课外书籍上都没有获得相关知识，因此她对其祖先居住过的非洲大陆知之甚少。事实上，我们不仅缺乏非洲历史方面的学术著作，而且几乎没有关于此方面的法文教科书。然而，我在狄德罗大学教授《非洲历史导论》长达20多年，其间不断完善讲义，力求精益求精，并定期赴纽约州立大学为美国学生（主要为大二和大三的本科生）授课。这些美国学生，尤其是那些非洲后裔，在课上表现得非常积极主动，与我那位非洲裔朋友的女儿一样，渴望进一步了解其祖先居住过的地方。

有鉴于此，为了让年轻的非洲后裔更好地了解他们的祖先及其祖先居住的地方，一部能够清晰明了且系统地介绍非洲大陆的著作的问世就显得非常有必要了。同时，这部著作的内容亦不能太教条、太"教科书"

化，以免在语言与思想上显得过于陈旧、晦涩和复杂。为实现此"宏大"目标，我在这些年里，不断审读我的讲义①，反复修改、校正，力求做到字斟句酌。拙作经过多年编撰、审订之后，现在马上就要与读者见面了。

根据我多年的教学经验，同非洲裔美国人相比，我们法国的非洲裔年轻人对非洲的印象和看法截然不同，而且在谈论有关非洲问题的时候，他们的观点也缺乏说服力。在我的教师生涯中，我无数次被学生们问到这些问题："您研究非洲历史吗？""在欧洲人到来之前的非洲是什么样子的呢？""您对非洲的研究观点有史料证实吗？"我们的（时任）总统尼古拉·萨科奇（Nicolas Sarkozy，1955—）先生，于 2007 年 7 月赴塞内加尔参加峰会期间，在达喀尔大学发表演讲时，面对塞内加尔的众多顶尖学者曾发表"非洲人尚未真正进入人类历史阶段"的言论。唉！可想而知，有多少法国人持有与萨科奇先生相同的观点啊！

不过从某种层面上讲，萨科奇先生的"无知"也是情有可原的。在 20 世纪 60 年代，当非洲历史研究刚刚在法国兴起时，包括历史学家在内的许多法国学者，几乎众口一词地认为"非洲没有历史"……而提出该观点的理由竟然是非洲没有自己的文字所记载的历史。那些最初从事非洲历史研究的学者，也被持不同观点的研究者认为是脱离社会实际的"梦想家"。此外，这些学者还面临着人种学家以及人类学家的驳斥：后者通常认为非洲人生活在"与众不同"的社会里，而且他们是"没有历史"的民族。

---

① 正是由于这部著作是在审阅和修订我之前讲义的基础上编撰而成的，所以有读者可能会发现书中的有些观点似曾相识。

这部拙作的写作目的就是让法国人，尤其是非洲裔法国人，真正地了解非洲以及非洲的历史。法国学界在对非洲历史进行了半个世纪的基础研究后，现在不能仅仅让从事非洲历史研究的专家学者知道，更应该让法国公众以及法语国家和地区的人都知晓一个事实：非洲不仅有自己的历史，而且它一直沐浴在世界的历史长河中，与其他国家和地区的历史相比，非洲历史也毫不逊色。

在专业的研究人员看来，我的这部拙作对许多问题都没有展开论述，因而显得概括性太强，甚至还存在一些不可避免的谬误。但是面对浩瀚、璀璨、复杂的非洲历史，倘若只有区区 200 多页的文字，是不可能做到面面俱到的。我目前所面临的挑战是：在紧扣主题且始终专注于我当初认定的基本思路的同时，尽量在这部历史长卷的任何阶段中，不要出现任何错漏。总而言之，我撰写本书的根本目的是让读者思考以下几个问题：

如何在前人研究的基础上探究非洲历史的现状？如何对非洲当今的境况做出假设？面对非洲当前存在的各种问题，它的解决办法以及未来前景又是什么？

针对我的写作目的，本书第一章会就某些主要问题进行探讨，尤其是谈一谈本书中的非洲到底是什么样的，以及我为何会选择亚撒哈拉地区作为我的研究对象。当然，为保证本书史料的真实性，我也将在第一章中向读者介绍如何搜集与该主题相关的文献资料。

目录

第一章

研究方法与文献来源

本书在描述撒哈拉沙漠以南非洲时，为何选择使用"亚撒哈拉地区"或"撒哈拉沙漠以南非洲"这两种表达方式，而非"黑非洲"这种表述呢？主要原因是，"黑非洲"的叫法是殖民时期遗留下来的产物，意为"黑种人的故乡"，是通过外貌和肤色来划分的，泛指撒哈拉沙漠中部以南的非洲，至今该地区的居民中仍以黑种人占绝大部分。看似如此简单的一个术语，"欧洲中心论"者则通过对该地区贴上带有"颜色"的标签，把他们的偏见与歧视体现得淋漓尽致。时至今日在法国，倘若一个人肤色黑或者是马格里布后裔（北非移民后代），那么其他人（尤其是白种人）就会认为他（她）不入流。而且在法国，使用"黑人"这个词来称呼非洲人或者是非洲裔是带有明显的歧视色彩的。

　　然而，我们在研究的过程中发现：当一位法国白人来到撒哈拉沙漠以南非洲后，由于他的肤色与当地非洲人存在明显不同，所以在当地人眼里，这位法国白人就是异类；反之亦然。当一位非洲人身处于法国的白人群体中时，也会被当作另类看待。法国著名历史学家、美国问题研究专家帕普·恩迪亚耶（Pap Ndiaye，1965—）曾在其著作《黑种人的处境》（*La Condition Noire*，2008）一书中，对居住在法国以及法国海外省的黑种人的生活境况进行了研究，却没有对黑种人的故乡——非洲的黑种人加以探究。总的看来，相对于非洲土生土长的黑种人，生长在欧美的非洲裔更加注重自己的黑人文化与精神价值。从某种程度上讲，他们对自己的文化与价值观感到更加自信与自豪。

我在本书中也尽量避免使用"被殖民前的非洲"这种表达方式，这是欧洲人对非洲大陆被殖民历史的一种歧视性的表述，而非洲人最初并不理解其中的贬义色彩。除了埃及被古希腊人入侵，之后又沦为古罗马人的殖民地，非洲东海岸沿岸国家于19世纪先后被西亚的阿曼苏丹国（le sultanat d'Oman）和桑给巴尔苏丹国（le sultanat de Zanzibar）殖民统治外，非洲的其他地区并未被非洲大陆之外的侵略者殖民统治过，只有非洲国家之间的相互厮杀与吞并（相邻各国之间相互吞并的现象，在世界其他地方屡见不鲜）。公元19世纪末以前，除了某些沿海地区，撒哈拉以南非洲基本没有受到欧洲的影响，一直处于相对独立的状态，即使在大西洋奴隶贸易期间亦是如此。当然也有例外，譬如安哥拉的罗

安达港口 [①]（le port de Luanda）。

欧洲殖民者对非洲大陆入侵的高潮期始于 19 世纪中后期。直至第二次世界大战结束，90% 以上的非洲领土仍被欧洲殖民者占领。随着利比亚共和国于 1847 年 7 月 26 日宣告独立，成为最早从西方殖民者手中独立的国家以来，从 20 世纪 50 年代起，非洲各国人民反对殖民统治、争取民族独立的斗争蓬勃发展并取得重大胜利，掀起了独立潮：1956 年苏丹共和国独立、1957 年加纳共和国独立、1963 年肯尼亚共和国独立……直至 1990 年纳米比亚摆脱南非白人种族主义者的统治而独立，成为撒哈拉以南的非洲大陆最后一个摆脱白人殖民而独立的国家，也是世界上最后一个独立的殖民地国家。在许多出生于殖民时期的非洲人看来，非洲摆脱白人的殖民统治并非是件新鲜事，而是理所当然的，因为独立的过程只是恢复昔日本该有的独立性而已。

---

① 罗安达港位于安哥拉共和国西海岸北部的本戈湾（Bengo）的东南岸，濒临大西洋的东侧，是安哥拉共和国最大的海港，也是南部非洲西北部的主要港口之一。始建于 1575 年，曾经是贩运奴隶的出口港。1627 年，罗安达成为葡萄牙殖民地的一个行政区和殖民地首府，也成为了南部非洲最早的殖民地据点和向巴西贩卖奴隶的主要口岸。

欧洲人"发现"非洲

　　非洲是世界古人类和古文明的发祥地之一。据考古学的材料证明，在远古时代，当西方殖民主义者的故乡还处在冰川封固阶段的时候，非洲大陆上就已出现了沸腾的生活。由此可见，非洲各族人民很早就创造了光辉灿烂的古代文明，而并非是欧洲人抵达非洲后，非洲及其历史才开始存在的。有欧洲人参与的非洲历史，远比非洲存在的历史要晚得多。非洲大陆自公元5世纪就同地中海地区和亚洲地区的穆斯林建立了往来联系：来自西亚的阿拉伯人早在古罗马时期即到达非洲东海岸，北非地区的阿拉伯人亦于公元9世纪前后进入撒哈拉沙漠以南地区。与这些阿拉伯人相比，直至公元1795年，苏格兰探险家蒙哥·帕克（Mungo

Park，1771—1806）才首次到达尼日尔河畔。由此可见，欧洲人在非洲的印迹要比亚洲人晚很多。

时值地理大发现的 15 世纪，欧洲人才提出把非洲作为探索对象。随着资本主义经济的发展，殖民者开始改变掠夺非洲的政策。尽管葡萄牙、西班牙、法国、英国等国家分别在西非、北非以及南非沿海地区建立了部分据点，但欧洲人对非洲内陆却仍然保持着一种"神奇"的观念，对非洲河川的发源地和流（走）向、湖泊的大小、山脉的分布、人情风俗、社会经济和自然资源却不甚了解。因此，从 18 世纪末开始的"内陆探险"，便成了殖民者实现瓜分非洲的必要前提。

事实上，在远古时代，地中海地区的欧洲人根本不知道非洲是一块大陆。除了埃及、努比亚、埃塞俄比亚以及北非地区外，对非洲其他地区也一无所知。而"非洲"（拉丁文：Africa）一词全称为"阿非利加洲"，该词源于公元前 264—公元前 146 年，古罗马人与古迦太基人为争夺地中海沿岸霸权发生的三次战争，最终迦太基人战败，惨遭屠城，其领土成为古罗马帝国的一个省份——阿非利加行省[①]。随着东罗马帝国的衰落，阿拉伯人重新夺回了北非地区，并用阿拉伯语命名为"伊弗里

---

① 最初这个名称只限于非洲大陆的北部地区。到了公元 2 世纪，古罗马帝国在非洲的疆域扩大到从直布罗陀海峡到埃及的整个东北部的广大地区，人们把居住在这里的罗马人或是本地人统称为阿非利干（African），意即阿非利加人。这片地方也被叫作"阿非利加"，以后又泛指非洲大陆。罗马共和国时期军功显赫的大西庇阿·阿非利加努斯（Scipio Africanus，公元前 236—公元前 184 年）名字中的"阿非利加努斯"，是罗马人为了表彰其在第二次布匿战争中的杰出贡献而赠予他的尊称，意思是"征服非洲的人"。

基叶"（Ifriqiya）。公元 15 世纪末期（1498 年），葡萄牙航海者穿越非洲最西南端的"风暴角"（即后来的好望角，意指"美好希望的海角"），环游非洲大陆之后，"非洲"一词才出现在地图上，用于指称整个非洲大陆。

自公元 16 世纪，来自欧洲的商人、传教士、探险家以及各种各样的旅行者，在他们记载的文字资料中从不同角度记录了非洲，甚至有奴隶贩子也从自己的角度描述非洲。刚果哲学家瓦伦丁·马迪贝（Valentin Mudimbe）在其两部著作[①]中分别对"非洲"一词的来源进行了梳理与解构（这两部著作目前还未被译成法语），其观点在某些层面同巴基斯坦著名文学理论家与批评家爱德华·沃第尔·萨义德[②]（Edward Wadie Said，1935—2003）的观点有异曲同工之处，对西方国家在非洲的殖民提出了批判。

[①] 这两部著作分别是：《非洲的由来：灵知、哲学与知识层次》，布卢明顿：印第安纳大学出版社，1988 年；《非洲的理念》，布卢明顿：印第安纳大学出版社，1994 年。

[②] 萨义德曾在 1978 年出版的《东方学》一书中指出，西方世界对亚洲和中东地区的人民和文化有一种强烈的偏见，这种长期错误和浪漫化的印象为欧美国家的殖民主义提供了借口，该书成为后殖民论述的经典与理论依据。《东方学》的姊妹篇——《文化与帝国主义》则从西方文学的角度进一步阐述了西方文化与西方殖民主义、帝国主义之间的关系。

从人种学说到种族歧视

　　时至今日，非洲历史为何总是被曲解、被边缘化、被遗忘甚至被拒绝？主要原因应归咎于罪恶的"黑奴"贸易。非洲奴隶贸易兴起于阿拉伯穆斯林进入北非后的公元 7 世纪末，他们把抓来的黑人贩运到阿拉伯国家以及波斯、印度和印度尼西亚等地。在欧洲，14 世纪已经有西班牙人贩卖从北非带来的黑奴，随后葡萄牙人也开始了这项贸易。随后的大西洋奴隶贸易迅速发展起来，并兴盛于公元 17 世纪。阿拉伯人的奴隶贸易与大西洋奴隶贸易最大的不同之处在于，黑人奴隶在西欧白人眼里永远是异类①。大西洋从事奴隶贸易的商贩最初贩卖过各种肤色的奴隶，自公元17世纪起，被贩卖的奴隶主要以黑人为主，至18世纪，则全部为黑人，故后来用"黑人"作为"奴隶"的代名词。

受"欧洲中心论"的影响，同火热的大西洋奴隶贸易呈鲜明对比的是，在欧洲鲜有文献对持续4个世纪之久的非洲奴隶贸易进行研究，而在世界其他地区亦缺乏相关的研究资料。这主要是由于公元18世纪至19世纪期间，欧洲人几乎主导了所有科学领域，其在各个领域所占的绝对优势受到世界其他各国学界的热捧。在很长一段时期内，欧洲学者的观点即"绝对真理"。然而，此时非洲本土的历史学和人种学研究却刚刚起步，对罪恶的大西洋奴隶贸易研究尚未成型。

18世纪时，奴隶贸易受到欧洲启蒙运动思想家约翰·洛克（John Locke，1632—1704）、孟德斯鸠（Charles de Secondat Montesquieu，1689—1755）和伏尔泰（Voltaire，1694—1778）等人的谴责，教友派、福音派等宗教团体也纷纷批判其反宗教的野蛮性质。但考虑到黑人在外表形态和智力上同白人确实存在一定差距，因此这些哲学家在反对奴隶贸易的态度上又显得比较模糊。事实上，每个人的外表形态和智力与其出身毫无关系。启蒙运动的推崇者、俄国沙皇彼得一世（le tsar Pierre Ier 1672—1725，后世尊称其为"彼得大帝"）为证明该观点，

---

① 法语中"esclave"一词源于中世纪拉丁语"sclavus"，原义指位于克罗地亚东部的斯拉沃尼亚地区的人，亦称斯拉夫人。由于中世纪时期，很多斯拉夫人被杀害，或掠为奴隶，于是该词在公元10世纪时就引申出"奴隶"的意思。

曾认一位年轻的黑人奴隶为子[①]，他在克里姆林宫接受良好教育之后，最终成为一名出色的将军，此人即俄国著名诗人普希金（Pouchkine，1799—1837）的曾祖父。

不过随着人种学研究的出现，欧洲各国宫廷中收养黑人小孩做奴仆或侍卫的"时髦现象"逐渐消失。人种学（racialisme）与种族主义（racisme）是两个不同的概念：前者是法国博物学家布丰（Georges Louis Leclere de Buffon，1707—1788）在皇家博物馆工作时所撰巨著《自然史》中，根据体质与肤色特征的差异，把全世界的人种分为3类，即蒙古人种（黄色人种）、高加索人种（白色人种）、尼格罗人种（黑色人种）。布丰的人种学说有力地支撑了欧洲人的种族主义理论，在19世纪后30年里，许多专家、医生、生物学家以及自然人类学家均认为白种人是最优秀的主宰种族，其次为黄种人，而黑种人则为最低劣的人种，这种被系统化的种族不平等理念在非洲社会引起了极大忧虑。在过去几个世纪里，由奴隶贸易带来的耻辱深深地根植在黑人的脑海中。

19世纪末期，尽管大西洋奴隶贸易基本停止了，但并没有绝迹，零星的贩卖活动一直持续到20世纪初。而在长期的奴隶贸易过程中，欧洲人形成了一种根深蒂固的观念，即种族不平等和黑人智能低下，这种偏见为20世纪上半叶种族主义的形成提供了事实依据。随着20世纪20年代遗传学的发展，研究证明各个人种的外部形态与智力是由基因决定

---

① 该黑人奴隶实为喀麦隆的王太子，1703年7岁时被一伙人劫持，将他卖给奥斯曼土耳其人，后来辗转卖至俄国首都莫斯科，随后被彼得大帝买下，并认其为教子。那时候，在欧洲各国的宫廷，收养黑人小孩做奴仆或侍卫被当作一种时髦。

的，与人种没有直接关系[①]。唉！不幸的是，尽管 1960 年成为"非洲独立年"[②]，尽管人种三分学说的研究不断进步，但是种族之间存在差异的事实仍然不能阻止欧洲种族主义者对黑种人的歧视[③]。

许久以来，由于非洲历史研究资料的欠缺以及对黑色人种的歧视，我们只能在 19 世纪的一些文学作品中获得些许大西洋奴隶贸易的信息。在早期发现者好奇心和热情的驱使下，越来越多关于非洲奴隶贸易的文献资料被发现，这些文献记录着欧洲殖民者对非洲的血腥殖民统治与惨无人道的大西洋黑奴贸易。经过几个世纪的残酷殖民统治，殖民者在少数"被同化"的非洲人和非洲本地"土著"之间建立起不同的法律法规，后者必须无条件服从特殊且不平等的法律体系——土著管理制度。1871年，阿尔及利亚北部的卡比利亚（Kabylie）地区人民起义失败，法国殖民者为加强对被殖民者的管控，于 1874 年首次在该地区实施土著管理制度，随后该制度在整个阿尔及利亚推行，并被推广至所有法属殖民地。而在撒哈拉以南非洲地区，这项不平等的社会制度存在的时间最长，直至 1946 年才被废止。

西方人对黑人和非洲的歧视、对异教徒的讨伐以及对非洲原住居民

---

① 详见作者另外一部著作：殖民历史的政治较量 [M]. 马赛：阿贡出版社，2009年，149—156 页。（Enjeux politiques de l'histoire coloniale, Agone, Marseille, 2009, pp.149—156.）

② 20 世纪五六十年代，非洲先后有 30 多个国家取得独立，其中仅 1960 年独立的国家就有 17 个，因此这一年被称为"非洲独立年"。

③ 该重要参考资料由法国著名历史学家劳伦斯·德·考克（Laurence de Cock）友情提供。

的奴役历史由来已久，时至今日，当代西方许多文学与电影作品中的形象均源于此。法国在非洲的殖民历史，也致使原生法国人（白人与基督教徒）与外来移民（黑人与穆斯林）之间矛盾重重。这种不断加剧的民族主义趋势最终导致法国本土出现一种畸形形态——国家认同危机。正是基于此，2007 年 7 月 26 日，萨科奇先生才会在达喀尔大学的演讲中发表了那句令非洲人民异常反感的言论①。

———————

① 即"非洲人尚未真正进入人类历史阶段"。

史料来源

　　由于几个世纪以来对非洲的歧视与偏见，使得西方大多数历史学家由于、民族学家和人类学家主要基于"后殖民主义"理论来研究非洲，因此他们的研究在很大程度上不仅有失偏颇，甚至歪曲了事实。后殖民主义是 20 世纪 70 年代兴起于西方学术界的一种具有强烈的政治性和文化批判色彩的学术思潮，它主要是一种着眼于宗主国和前殖民地之间关系的话语。其方法论是建立在法国哲学家、社会思想家和"思想系统的历史学家"米歇尔·福柯（Michel Foucault，1926—1984）的权力—话语体系之上，并受到法国 20 世纪下半叶最著名的思想家雅克·德瑞达（Jacques Derrida，1930—2004）的解构主义影响，对"落后"

民族和国家进行文化围剿和文化渗透的一种侵略政策，因而在理论上常常表现为一种文化殖民主义、文化霸权主义和文化帝国主义。依照后殖民主义的观点，只有西方先进国家和民族的文化才是世界文化的中心和楷模，而西方之外那些"落后"民族的文化则常被贬称为边缘文化、愚昧文化。

尽管在欧美人的眼中，非洲很落后，但非洲大陆却是一片辽阔无垠的土地，其面积是美国国土面积的 3 倍，达到 3020 万平方千米，东西跨度约 7500 千米，南北相距 8000 千米，由 53 个风景、语言和历史各不相同的国家组成（包括周围岛屿在内）。由此可见，非洲并非是一个单一实体，亦非一个主权国家。我们通过把非洲与中国做比较也可得出相同的结论：非洲是由多个国家构成的世界第二大洲，而中国则是一个独立的主权国家。在气候方面，从撒哈拉沙漠和萨赫勒游牧地区，穿越广阔的非洲大草原，抵达茂密的赤道热带森林，形成了独特的非洲热带气候：气温高，干燥地区广，气候带呈明显对称分布，故有"热带大陆"之称。

随着非洲各国的独立，在众多史学家的不懈努力下，非洲被殖民前的璀璨历史才得以展现在世人面前。在世人看来，由于非洲大陆缺少自己的文字，因此有关被殖民前的非洲史料相对匮乏。事实上，在非洲各地仍存有大量有关这段时期的文献资料。尽管在不同地区，可考证的历史文献存在的时间长短不一[①]，但是不同时期的文献资料各具特点。正是

---

① 譬如，有文字资料记载的埃及历史可以追溯到公元前 4000 年前后，而纳米比亚的历史却只能追溯到几百年前。

因为有希罗多德 ① （Hérodote，公元前 484—公元前 425）以及托勒密 ②
（Ptolémée，公元 90—168）等历史学家、天文学家和地理学家的原始
文字记载，古希腊、古罗马时期和努比亚王国时期的史料在考古发掘后，
才能以文本的形式呈现给世人。倘若没有希罗多德的记载，《汉农游记》(le
Périple d'Hannon)③、《尼格游记》(le Périple de Nékao II)④ 以及《厄
立特里亚海游记》（le Périple de la mer Érythrée）⑤ 不可能与世人
见面。但是，在非洲历史发展的某些阶段，由于缺乏文字资料的记录，
就只能凭借考古发掘等其他方式加以研究。譬如，对班图人扩张⑥ 的研究，

---

① 希罗多德是公元前 5 世纪时的古希腊历史学家，史学名著《历史》一书的作者，
西方文学的奠基人，人文主义的杰出代表。从古罗马时代开始，希罗多德就被尊称
为"历史之父"。

② 克罗狄斯·托勒密，古罗马时期的著名天文学家、地理学家、占星学家和光学家，
"地心说"的集大成者，其著有四本重要著作：《天文学大成》（Almagest）、《地
理学指南》（Geography）、《天文集》（Tetrabiblos）和《光学》（Optics）。

③ 汉农(Hannon，生卒年不详)，迦太基航海家、探险家，曾担任迦太基的最高执政官。
《汉农游记》记叙的是汉农于公元前 5 世纪前后，从非洲的地中海沿岸至非洲西部
的大西洋沿岸探险旅行的轶事。

④ 尼格（Nékao II，生卒年不详），古埃及法老第二十六王朝时期的法老，公元前
610 年至公元前 595 年在位。据希罗多德在其著作中的详细记载，尼格曾派遣一支腓
尼基探险队，首次环绕非洲大陆进行探险考察。

⑤ 厄立特里亚海即印度洋在古代的叫法，最早见于所著《历史》一书及其编绘的
世界地图中。"厄立特里亚"希腊文原意为红色，全名意为红海。

⑥ 班图人扩张又称班图人的民族迁移。班图人是非洲最大的人种，几乎占全非洲
人口的三分之一，主要分布在赤道以南非洲。班图人原来住在赤道以北喀麦隆高原，
公元 1 世纪，班图人由于开始受到北方民族的压力，分为三路，不断向赤道以南和
向东迁徙。

学者们把考古学与植物人种学、语言学①、遗传学等学科相结合，以推断当时人口迁徙及从事文化活动的时间。

公元 8 世纪前后，随着穆斯林的到来，用阿拉伯语记载的史料变得更加丰富与翔实。这些史料要么是由来自地中海沿岸国家和亚洲旅行家的旅行日记，要么是非洲本地学识渊博之士记录的当地古老的传奇故事。最著名的几位旅行家分别是公元 10 世纪时的阿拉伯人马苏第（Al-Masudi，?—956）和伊本·豪卡尔（Ibn Hawqal，?—978）、公元 11 世纪的西亚人阿尔 - 巴克里（Al-Bakri，1014—1094）、公元 12 世纪的伊德里斯（Idrisi，生卒年不详）、14 世纪的伊本·白图泰（Ibn Battuta，1304—1377）和阿尔 - 奥马里（Al-Omari，生卒年不详）以及 16 世纪哈桑·瓦赞（Hassan al-Wazzan，1488—1548，后人称之为"非洲的雷昂"）。用阿拉伯语记载的非洲传奇故事有：16—17 世纪的《淘金者编年史》②（*Tarikh el-Fettash*）、《苏丹编年史》（*Tarikh es-Sudan*）、廷巴克图的阿赫梅德·巴巴（Ahmed Baba，生卒年不详）的文集、卡诺编年史、基尔瓦编年史以及在索科托地区（Sokoto）发掘的大量有关古苏丹的文献资料。19 世纪时期，学者们也发现了由颇耳族语③（peul）记载的非洲当地传说。

目前已被发现的有关非洲历史的阿拉伯语手稿达数万部，主要由西

---

① 语言学研究法，主要是对某些部落民族之间共同使用的原始语言的分化时间进行研究，以推测该部落民族所存在的时间或年代。

② 该编年史由非洲学者麦哈姆德·卡迪（Mahmoud Kati，1468?—1552 或 1593）撰写于 17 世纪下半叶。

③ 西非富拉尼语的一个语系。

非当地的名门望族所收藏保存，但仍有大量的文献资料亟待进一步发掘。在现有的史料中，同 19 世纪英、法两国海员和传教士所记载的史料相比，由葡萄牙与荷兰商人、耶稣教徒、意大利或葡萄牙嘉布遣会修士等人士于 16—18 世纪所撰写的游记，在文风与记录的方式方面给我们留下的感觉截然不同。现存的绝大多数外文资料，无论是复制件，还是考古发掘的第一手资料，都已严重固化了我们对非洲历史的解读与理解方式。尽管非洲许多部落与民族依靠口口相传作为传播知识的主要工具，但在穆斯林带来阿拉伯语之后，这些珍贵的口述资料几乎全部用阿拉伯语誊写记录，已然失去其最原始的意义。

事实上，非洲大陆在近现代也经历了一种相对的"统一性"，这主要"归功"于在这片土地上相继出现的两大悲剧性事件：

——奴隶贸易。非洲奴隶贸易长达 4 个多世纪，从 15 世纪中叶一直延续到 19 世纪末。非洲历史上最初的奴隶贸易，远远早于 15 世纪欧美人发起的大西洋奴隶贸易。近代以前的奴隶贸易主要有两类：一类是非洲国家部落首领经营的，另一类是阿拉伯人经营的。前者被贩卖的主要是因战争或天灾失去家庭的人，他们可以拥有自己的财产，他们的下一代一般不被看作奴隶。公元 7 世纪，阿拉伯人进入北非后，他们把从苏丹、阿比西尼亚等地俘虏来的黑人，作为家庭的仆役使用，有的也充当士兵。他们还把抓来的黑人贩卖到阿拉伯国家及波斯、印度等地。但总的来讲，在 15 世纪中叶以前，非洲奴隶买卖的规模是不大的，它只是一项次要的贸易活动。从 15 世纪中叶到 17 世纪中叶，奴隶贸易集中在大西洋两岸，史称"大西洋奴隶贸易"。17 世纪中叶至 19 世纪之间，是奴隶贸易的高潮期，其目的地遍及北美洲、南美洲、西欧以及西亚等地区。奴隶贸易对非洲大陆本身造成了灾难性的后果，延缓了非洲正常的发展和进步。

——欧洲的殖民统治。自公元 15 世纪起，欧洲的殖民者就开始进入非洲大陆，非洲开始了其长达几百年的血腥历史。19 世纪中后期到"二战"结束，欧洲殖民者对非洲大陆的入侵达到高潮和巅峰期，导致整个非洲大陆完全从属于欧洲[1]。另外需要指出的是，除阿尔及利亚与南非外，欧洲对非洲的殖民统治均未超过半个世纪，但是在很大程度上改变了非洲人的思维意识与生活方式，而且欧洲人用了不到 30 年的时间（1890—1919 年），为非洲各国建立了自己的政治体制，其中法国率先于 1900 年在乍得和上沃尔特（今布基纳法索）两国设立了军事基地。

截至现在，非洲才独立近 60 年[2]，由于许多史料有待进一步发掘，因此世人对非洲的了解程度也各不相同。那些欧洲的前殖民国家，除了只关注非洲被殖民时期的历史外，对非洲大陆其他时期发生的一切漠不关心。而散居世界各地的非洲后裔（尤其是法国海外领地的非洲裔）主要关心的是那场罪恶交易——奴隶贸易。只有非洲本土的历史学家，时

---

① 在非洲大部分国家被殖民期间，有两个国家例外：第一个是埃塞俄比亚。由于埃塞俄比亚地处山地，交通不便，也无有价值的资源，周边有意大利和英国两国的殖民地，入侵不便，所以该国一直保持独立状态。1935 年，意大利墨索里尼（Benito Mussolini, 1883—1945）政府入侵埃塞俄比亚，次年占领该国全境，殖民统治持续到 1941 年。另一个是利比里亚，该国是由美国解放的黑奴返回非洲建立的国家，与美国有深刻渊源，由于美国对殖民没有兴趣，但是又将之视为自己的禁脔，故一直保持着独立。

② 从 1960 年的非洲独立年开始计算。

值纪念非洲独立五十周年之际，才向全世界提出了他们所关注的问题：今后非洲该何去何从。因为在他们看来，在非洲漫长的历史长河中，欧洲殖民者只是非洲大陆的过客而已，非洲未来的发展才是亟待解决的问题。

非洲的现存问题

  我们（非洲人）为什么会在这里（事实上，人类大约在几百万年前便出生在那里）？当前有很多科学发现证明"人类非洲起源说"[①]，而欧洲人为何仍然执迷不醒，提出"欧洲中心论"？整体来说，撒哈拉以南非洲的文明在起点上并不亚于欧亚大陆，几乎与其同步进入农业社会与铁器时代，但为什么今天非洲的经济却一蹶不振？为什么曾经风靡各大陆之间的商贸活动（盐、黄金、钢铁、象牙等）会在这里日暮途穷？

---

① 现在的 DNA 分析技术已经非常发达，现代生物学领域的学者们已经利用这些方法来研究世界各地人类的迁徙历史，人类基因组计划已完成对世界各地人 DNA 的分析，发现非洲人的 DNA 多样性远远大于欧亚人。考古学上也有证据证明，只有东非才有 10 万年前的古人类化石。

曾经璀璨绚丽的非洲古代文明（诺克文明[①]、伊费文明[②]、大津巴布韦文明[③]等）为何会荡然无存？为什么非洲目前的处境如此凄惨？它的未来又在哪里？……纵然前文有关非洲历史的介绍比较简明扼要，但倘若要回答以上棘手问题，了解这段历史就是非常有必要的。

　　导致这些问题存在的因素是多方面的，而且这些因素仍伴随着非洲历史一直存在着。如果要弄清楚眼前非洲发展缓慢的原因，我们必须考虑到这些因素。概括地讲，可把这些因素分为内因和外因，而且两者是不断相互作用、相互影响的。前者主要指恶劣的生态环境。从整体自然环境来看，撒哈拉以南非洲以高原地形为主，除了少数地方水源充沛、气候温和外，基本上呈现高温、缺水的地理特征。高温和干旱给非洲文明的发展带来了若干致命的不利因素：贫瘠的土地（尼罗河谷地与火山土壤地区除外）、高温少雨的干燥气候、硬质土壤（热带红土）或碱性

---

① 诺克文明存在于公元前5—公元前3世纪。它是西非铁器文明的代表，因其文化遗址位于尼日利亚境内的一个小村庄而得名，类似于中国的河姆渡文化。诺克文明除铁器以外，一些人物陶像和动物雕塑也是其文化的主要表征。这些人物雕像具有非洲黑人的特色，并配有各种饰品，虽然粗糙，但颇具神采。诺克赤陶像的发现，对非洲黑人文明史的研究，有着划时代的意义。

② 11—14世纪，约鲁巴人创造了伊费文明，它因伊费这个尼日利亚的文化古城而闻名。它的主要特色表现在雕刻上，雕像主要以国王、贵族为主，皆富有强烈的写实风格。到了15世纪至16世纪，伊费文明被贝宁文明所继承和发展。

③ 津巴布韦是南部非洲重要的文明发源地。在中世纪，该地曾存在一个绍纳人（Shona，属于班图族的一支），并且遗留下不少文化遗迹，其中最重要的莫过于大津巴布韦古城（也是津巴布韦命名的由来）。在11世纪时津巴布韦强盛，利用当地生产的黄金、象牙和铜矿等重要物资，交换来自波斯湾地区的布料与玻璃等产品，15世纪时，其已经成为非洲南部最大的邦国。

土壤（赤道红色黏土）、难以根除的热带疾病（疟疾、昏睡病、盘尾丝虫病，各种寄生虫病）以及非洲农村唯利是图而忽视社会的可持续发展。在所有内部因素中，外部侵略导致的人口急剧下降或停滞不前也是不容忽视的问题[1]。近些年，尽管非洲的环境治理指标仍没有任何改观，但非洲人努力克服种种困难，以改善和解决殖民时期造成的问题。其中通过自然生育，非洲已大大提高了人口增长率（非洲在 100 年内将成为人口最密集的大陆）。

　　在外因方面，主要是惨绝人寰的奴隶贸易与旷日持久的殖民统治。非洲的殖民史可以追溯到公元前 332 年亚历山大大帝（Alexandre le Grand，公元前 356—公元前 323）征服古埃及时期，中间分别经历了阿拉伯人入侵东非与北非（包括公元 18—19 世纪，阿曼人在东非沿海建立的桑给巴尔苏丹国）、19 世纪的西非一系列伊斯兰圣战[2]，直至欧洲建立的"帝国主义殖民体系"。其中对非洲影响最坏的时期，则是 1947 年到 1990 年间在南非施行的种族隔离制度。

　　非洲各国在独立半个世纪以来，殖民时期遗留下来的政治、经济制度，以及意识形态和文化身份等因素，为我们了解非洲提供了诸多便利。短

---

[1]　由于奴隶贸易以及欧洲残酷的殖民统治，16 世纪至 20 世纪，整个非洲的人口增长率几乎为零。

[2]　从 1804 年奥斯曼·丹·福迪奥（Usman dan Fodio，1754—1817）发动豪萨圣战开始，到 1874 年萨摩里·杜尔（Samory Toure，贾隆 1830—1900）建立瓦苏鲁帝国为止，是西非历史上光辉的一页。从乍得湖到富塔高原，从尼日尔河曲到喀麦隆高原，爆发了一系列以伊斯兰圣战为旗帜的统一、改革运动，基本上结束了从 1591 年摩洛哥入侵以来小国林立、纷扰不宁的局面。这 70 年，是伊斯兰教在西非迅猛发展的时期，其传播的深度和广度为以前任何一个历史时期所不可比。

短几十年里，人类在研究非洲历史方面取得了跨越式发展，有关非洲的历史著作数量成倍增长。而在此之前，对非洲的探索只能或明或暗地依托人类学家的研究，特别是法国历史学界，几乎完全借助人类学家的研究成果来研究非洲历史。直到 20 世纪 90 年代，绝大多数有关非洲的研究主要由西方大学里的白人教授主导，此后才有越来越多的非洲本土及世界各地的非裔历史学家参与进来。目前，在美国和非洲保存的英文研究资料的数量相当庞大，其次是法语文献资料。在这些研究文献中，既有基于"欧洲中心论"角度的研究，也有从"非洲中心论"角度展开的研究，以期让世人对非洲历史有更全面的看法。而我则是从"后殖民主义"的角度来丰富与完善该领域的研究。

第二章

人类的起源地——非洲

"东边的故事"

人类的唯一共同祖先最早出现在几百万年前的非洲[①]。为证实该观点，诸多科学家做出了巨大贡献。遗传学家则运用生物化学和分子生物学的方法，研究现代人类、各种猿类及其他高等灵长类动物之间的蛋白质、脱氧核糖核酸（DNA）的差别大小和变异速度，从而计算出其各自的起源和分化年代。据目前已发现的人类化石证据，南方古猿是已知最早的人类。1924 年，在南非阿扎尼亚一个叫作汤恩的地方，那里的采石场工人采石时爆破出来一个小的头骨化石，由

[①] 亦有学者对此观点持否定态度，人类的始源最早可以追溯到 700 万—1000 万年前。

于发现于非洲的最南部的汤恩，故被称作汤恩头骨。经解剖学教授达特（Raymond Dart，1893—1988）鉴定，汤恩头骨所属个体实为南方古猿非洲种（Australopithecus africanus）。

由于东非地区有几百万年以来大量火山喷发造成的火山沉积，这为同位素年代测定提供了良好材料。因而，埋藏在这些火山层中的化石的年代，可以被准确地测定出来。20世纪50年代后期，在非洲寻找人类化石的活动，逐渐转移到东非的埃塞俄比亚、肯尼亚和坦桑尼亚。1959年7月17日，经过30年的寻找，古人类学家路易斯·利基（Louis Leakey，1903—1972）及其妻子玛丽·利基（Mary Leakey，1913—1996），终于在坦桑尼亚的奥杜威峡谷，发现了一个粗壮型南方古猿近乎完整的头骨和一根小腿骨，他们用钾-氩法测定化石的年代，确定此为生活在175万年前的"东非人"。利基夫妇将这个头骨所属个体的种命名为鲍氏东非人（Zinjanthropus boisei），后又改为南方古猿鲍氏种（Australopithecus boisei）。

1960年，在发现"东非人"头骨地点的附近，路易斯·利基的儿子乔纳森·利基（Jonathan Leakey，1940—）发现了一个约10岁小孩的部分头盖骨和下颌骨、不同年龄人的手骨、一根成年人的锁骨和近乎完整的足骨。1963年，在同一地点又发现了一个头骨和附有大部分牙齿的下颌骨。对这些化石的研究表明，这是一种比"东非人"更进步的人，其脑量比"东非人"几乎大出50%，头骨的形状更为进步，牙齿比"东非人"小，生活于178万年前。根据达特的建议，路易斯·利基等将其命名为"能人"（Homo habilis），作为人属的第一位早期成员。从20

世纪 60 年代开始，在埃塞俄比亚的哈达尔（Hadar）发现了大量的南方古猿化石，包括从约 350 万年前到 150 万年前的人科化石。1972 年路易斯·利基的另一个儿子理查德·利基（Richard Leakey, 1944—），在肯尼亚的图尔卡纳湖（Lac Turkana）东岸发现的编号为 KNM-ER1470 的头骨。这些化石的年代为 350 万年前。

1974 年，美国古人类学家约翰松（Donald Johanson, 1943—）在同一地区发现了一具女人的大部分骨架，被称为"人类祖母"露西（Lucy）。根据对她的骨盆、脊柱和膝盖骨的研究，可以肯定她是两足直立行走的，生存年代测定为 340 万年前。1976 年，玛丽·利基在坦桑尼亚的莱托里地区（Laetolil），发现了一组凝结于火山灰中的人类足迹。根据对足弓形态和步态的分析，可以认定是 370 万年前直立行走时留下的足迹。上述发现是人类两足直立行走最早的证据。根据对哈达尔和莱托里化石的对比研究，约翰松等认为，这两个地点的标本非常相似，即都能完全两足直立行走，并且都有较小的脑子和大的犬齿，故属一类，应归入一个新种——南方古猿阿法种（Australopithecus afarensis）。

露西的出现证明，在非洲发现的南方古猿不止一种。古人类学家们认为，阿法种的一些性状介于猿与人之间，但其似猿的性状在明显向人的方向转变。一部分阿法种经过南方古猿非洲种变成粗壮种和鲍氏种，最终灭绝；而另一部分则发展成"能人"，再到直立人和智人。因而，阿法种既是南方古猿非洲种的祖先，又是"能人"的祖先。从发现露西起，几种年代更久远的人科动物都曾被列为我们直系祖先中最古老的动物，其中包括地猿始祖种始祖亚种（生活在 440 万年前）和地猿始祖种家族祖先亚种（生活在 580 万年前）。

20 世纪 80 年代初期，在对东非人科大量考古新发现的基础上，法国著名古人类学家、史前史学家科庞（Yves Coppens，1934—）指出距今 300 万年以上的人科化石的地点，都是在东非大裂谷东边的埃塞俄比亚、肯尼亚和坦桑尼亚被发现的。而在这个时期里，该地区却没有发现任何有关大猩猩和黑猩猩的化石。他的解释是裂谷形成以后，在东非高地内裂谷带形成了一连串的断谷湖，例如马拉维湖（Malawi）、坦噶尼喀湖（Tanganyika）和鲁道夫湖（Rodolphe），以及肯尼亚火山和乞力马扎罗火山（Kilimandjaro）。西边由大西洋吹来的气流照常带来大量降雨，而东边则由于上升的青藏高原西缘的阻碍，形成季节性的季风。因而原先的非洲广大地区，分为两种不同的气候和植被。西边仍旧湿润，而东边则变得干旱；西边保持着森林和林地，东边则成为空旷的稀树草原。

与此同时，东非大裂谷的形成产生了两种生物学效应，一是形成了阻碍动物群东西交往的难以逾越的屏障；二是进一步促进了镶嵌性生态环境的发展。正是由于这种环境的力量，人类和现代非洲大猿的共同祖先的种群自然地分开了。这些共同祖先留在非洲西部的后裔依然沿着适应于热带雨林中生活的方向缓慢地发展着，到今天就形成了现代的大猩猩和黑猩猩；相反，这些共同祖先留在非洲东部的后裔中的一支，在开阔地面这样一种新生活的选择压力下，开创了一套全新的技能，即两足直立行走以及由此而带来的一系列适应性变化，这就是人类。由于断定人类起源于东非大裂谷以东，并认为由于环境变化，猿猴开始离开树木站立行走，正是在大峡谷的东边，大猩猩与猿人分道扬镳，各自走上演变的道路，由此提出"东边的故事"理论。

"东边的故事"的假设理论认为，两足直立行走对于人类的起源与进化具有特别重要的意义。人类和非洲大猿的共同祖先是生活在古老的非洲热带雨林中的，因此早已适应了在树枝间爬上爬下的垂直性运动。他们又偶尔下到地面上，但也并不像今天的黑猩猩那样以指关节来着地行走。当东非大裂谷形成后，非洲东部的气候变得干旱了，热带雨林被广阔的镶嵌性的热带稀树草原所取代。我们的祖先并不是一下子就能完全适应所有的变化，他们仍然要在森林中取食和睡眠，他们的食物大部分依然依赖于森林（例如果树上的果实）。但是，热带稀树草原的环境已经不允许他们再像过去那样在森林里爬上爬下了，他们需要经常从一片树丛转移到另一片树丛。转移时必然要通过地面，这就增加了他们对地面有效行动的要求。我们的祖先早已适应了在树上爬上爬下的垂直性运动方式，由于进化的不可逆性决定了他们在下到地面后不可能再像猫、狗、牛、羊那样四条腿行走和奔跑。这时，双足直立行走就成为最为有效的运动方式，其优越性显然远远大于黑猩猩那样的指关节行走方式。

而 2001 年，法国古生物学家米歇尔·贝鲁内（Michel Brunet，1940—）领导的法国和乍得联合考古队，在东非大裂谷以西 2500 千米乍得境内的沙漠中，发现距今 700 万年前的乍得沙赫人①头盖骨化石后，他们指出，"人类起源不只是东边的故事，也是西边的故事。"由此动摇了人们认为大约 340 万年前的东非阿法种是最早人类祖先的观念。同时，

---

① 乍得沙赫人，又名"托迈"人或乍得人猿，是一种只有化石的猿，据推测可能生存于 700 多万年前。它被称为最古老的人属祖先，是人类及类人猿的最近共同祖先。

乍得沙赫人头盖骨化石出现后，也打破"东边的故事"论的"霸权"，从时间和地点两方面扩大了对人类早期进化的研究。

　　然而，古人类学者在发现乍得沙赫人头盖骨化石后，并未停止对人类最早祖先的探索。2000年，由英国古人类学家马丁·匹克福特（Martin Pickford, 1943—）及法国古生物学家瑞吉特·森努特（Brigitte Senut, 1954—）所带领的研究团队，在肯尼亚的图根山区发现了一组化石[1]，根据化石是双足行走及牙齿解剖的结论，并利用放射性测年技术、凝灰岩与动物群的关系及磁性地层学，估测出他们是700万年前生存在非洲类人猿分裂时期的人族，同时也证明图根原人是双足行走的最古老人科。若乍得沙赫人与图根原人被证实是人类的直接祖先，如阿法种等南方古猿类则会成为人科的侧系群，不过学界就此仍有很多的讨论[2]。

---

① 科学家以发现地命名，故称"图根原人（Orrorin tugenensis）"，又名千年人、千禧猿或土根猿，是已知最古老与人类有关的人族祖先，是原人属（或称千年人属）中的唯一种。

② 早在19世纪后期，德国著名生物学家海克尔（Ernst Haeckel, 1843—1919）就曾提出，亚洲的长臂猿、猩猩与人的相似程度，大于非洲猿类与人类的相似程度。因此，人类也可能起源于亚洲，特别是中国。比如，1994年在山西垣曲县发现的古人类化石，距今约4500万年。

人类的进化

事实上，至 20 世纪 90 年代初，在非洲发现的南方古猿已达 5 个种，即非洲种、阿法种、粗壮种、鲍氏种和埃塞俄比亚种。因此很难界定人类最早的祖先到底生活在什么时期。目前，学术界一般认为，古猿转变为人类始祖的时间在 700 万年前。从已发现的人类化石来看，人类从树上来到大地上用双脚行走，其演化过程大致可以分为四个阶段：南方古猿阶段（Australopithecus，440 万—100 万年前，根据对化石解剖特征的研究，相对于猿类，南方古猿最为重要的特征是能够两足直立行走）、能人阶段（Homo habilis，200万—175万年前，有明显比南方古猿扩大的脑，并能以石块为材料制造工具——石器）、直立人阶段（Homo erectus，170万—20万年前，直立人化石在亚洲、非洲和欧洲均有发现，如蓝田人、北京人、郧县人等）和智人阶段（Homo sapiens，20万—10万年前，一般又分为早期智人（远古智人）和晚期智人（现代人）。早期智人生活在20万年前到10余万年前。晚期智人的生存年代约始于10万年前，其解剖结构已与现代人基本相似，因此又称解剖结构上的现代人。这个时期的人类除有某些原始性外，基本上和现代人相似，文化上已有雕刻和绘画艺术，出现了装饰品）。

　　当前，关于智人最早出现在地球上的时期有各种不同的推测，通常认为大约是在20万年前。从生物进化的观点看，20万年只是很短的时间。就是在这很短的时间里，智人达到了令人瞠目结舌的繁荣。从非洲热带到南北两极，全世界凡是有陆地的地方，基本上都有人类居住，一种动物的分布如此之广，唯有我们智人。

　　但关于智人的起源地点，科学界的观点却不一致。有学者认为起源于非洲，也有学者认为起源于中国或印度尼西亚。不过通过分析化石和DNA（脱氧核糖核酸），比较有说服力的观点是认为人类起源于东非。早期智人约生活于25万到3万年前旧石器中期的非洲，后向欧亚非各低中纬度区扩张（除了美洲），大荔人、马坝人、丁村人、许家窑人、尼安德特人（Néandertalien）都属于早期智人。这个时期的人类与现代人更为接近，但仍带有许多原始性。不仅会保存天然火，还学会了人工取火。直立人第一次走出非洲后，约60万年前在欧洲演化出海德堡人（Homo heidelbergensis），海德堡人又于约30万年前演化出尼安德特人，主要分布在欧洲和中近东。就欧洲和近东而言，几乎可以肯定是从直立人的西部群体中产生出了尼安德特人，但是东亚、南亚和非洲的直立人的情况还不是很清楚。

25万年前至3万年前是尼安德特人繁荣的时期，尼安德特人制造出更为高级的工具，叫作莫斯特文化。独立演化成为早期智人的尼安德特人后来遭遇第二次走出非洲的早期智人以及第三次走出非洲的晚期智人，彼此共存过一段时间。随着第三次走出非洲的晚期智人的到来，早期智人（包括第二次走出非洲的早期智人和独立演化成为早期智人的尼安德特人）在生存竞争中失败。尼安德特人消失的原因（气候因素、文化不占优势、被智人屠杀）还存在争议，通过对线粒体DNA的研究发现，在公元前46.5万年尼安德特人种系和智人种系分开；之后约6万年前，随着冰河期的到来，生存环境越发困难，终于在约3万年前，所有早期智人被淘汰并最终灭绝。

晚期智人存在于1万到5万年前，也就是所谓现代人的祖先，最早于1868年在法国克罗马农（Cro-Magnon）的一个山洞中发现，故又称为克罗马农人。在欧洲、非洲、亚洲、大洋洲和美洲均有大量晚期智人的遗迹，例如在中国的河套平原、周口店，欧洲的克罗马农，南非的萨尔达纳、菲什胡克、博斯科普，肯尼亚的甘布勒洞，婆罗洲的尼阿洞，爪哇的梭罗，澳大利亚的蒙戈湖、科阿沼泽，美国的德尔马、洛杉矶，秘鲁的皮基马采洞等。据推测，大约10万年前，撒哈拉以南非洲的智人占据了尼安德特人分布的领域，之后迁徙到世界各地。

在晚期智人阶段，制造工具的技术更加多样化和专门化。人类文化进入旧石器时代晚期，石器更进步，制作方法不仅用直接制作法，还用间接制作法。这个时期石器的特征是用窄长的石叶制作的工具占了很大的比例。石叶可用来制作各种工具和武器，如石刀、雕刻器、刮削器等。另外，骨器也有很大发展。用骨制作的工具有矛、标枪、鱼叉、鱼钩和有眼的骨针等。这个时期的人类以狩猎为主。狩猎工具有重大改进。人类除了居住洞穴，还建造人工住所。埋葬死者的习俗更隆重，为死者穿着衣服，佩戴装饰品。

晚期智人时期的艺术有很大发展，主要体现在已经发现的雕像和洞穴壁画上。20世纪考古学家在北非的阿特拉斯山脉、撒哈拉沙漠、利比亚地区以及南非，都发现了大量原始智人刻画的牛、长颈鹿、河马、大象、单峰驼等动物，其中以南非的布隆伯斯洞穴（Grotte Blombos）最为有名。布隆伯斯洞穴位于非洲大陆的最南端，在这里发现的史前岩画是在非洲已知最早的史前艺术，可以追溯到中石器时代，是地球上发现的最古老的石器时代的艺术。人们在它的墙壁内发现了穿孔的贝壳（用于早期人类的个人饰品），据推测，这些贝壳在75000年前已被串成项链。其他令人震惊的发现还有更华丽的漆盒（黄色和红色颜料、贝壳容器、研磨鹅卵石和上漆用的骨制抹刀），证明当时的智人已经有了复杂的思维。在非洲之外，已知最古老的岩洞壁画[1]是法国肖维岩洞（Grotte Chauvet），也译作肖维－蓬达尔克洞穴（法语：La grotte Chauvet-Pont-d'Arc）是位于法国南部阿尔代什省（Ardèche）的一个洞穴，这些

---

[1] 学界依然有学者对此持质疑态度。

原始人用赭石绘制于 32000 年前的犀牛、狮子和熊，虽经岁月侵蚀，却依然能够给人带来极大的视觉撼动①。

人类体质进化的四个阶段，大致相当于旧石器时代早期、中期和晚期。非洲旧石器时代考古在世界上占有重要地位。这里不仅发现了迄今为止年代最早的人类化石和石器文化，而且是世界上已知人类各发展阶段没有缺环、年代前后相继的地区。非洲旧石器晚期文化的特点在于各地都有发达的尖状器。虽然似石叶的石片也有发现，但还没有成为制作石器的主要坯料。大约 2 万年前，最后的冰河时期渐渐过去，人类亦开始改变其生活习惯。因为自然气候变暖，采集和渔猎经济有了较大的发展。而为了在新的环境中能生存下去，新的发明、创造继续出现，而且比旧石器时代时更多。这就是旧石器时代向新石器时代的过渡阶段，即中石器时代。

中石器时代的特色是用燧石组合成的小型工具。在某些地区可以找到捕鱼工具、石斧以及像独木舟和桨等木制物品。而随着农业的出现，中石器时代的人们开始改变其生活，并进入新石器时代。新石器时代在考古学上是石器时代的最后一个阶段，以磨制石器为主，大约从 1 万年前开始，结束时间从距今 5000 多年至 2000 多年不等。这个时期，人类开始从事农业和畜牧业，将植物的果实加以播种，并把野生动物驯服以供食用。同时农业与畜牧业的经营也使人类由逐水草而居变为定居，并使食物变得稳定。西亚、北非和欧洲的新石器时代发展较早，这里是农业最早起源的地区，最早进入文明时代，在世界文化史上占有很重要的

———————
① 详见 2010 年 10 月 29 日《科学》杂志。

地位。中国大约在 1 万年前就已进入新石器时代。

劳动分工的专业化导致生产力的进一步发展，逐步从石器时代过渡到金属器时代。埃及、北非大概在公元前 3000 年开始使用青铜器，除此以外的非洲掌握青铜制造技术约在公元 1000 年，到公元 11—17 世纪，几内亚沿海地区的青铜制造业才达到繁荣期。一般认为非洲的铜器工艺比铁器工艺发展晚，似乎从石器时代直接过渡到铁器时代。西非尼日利亚的诺克族约在公元前 10 世纪掌握冶铁技术，是非洲最早掌握冶铁技术的民族。考古发掘表明，铁的传播路线似乎是伴随班图人的迁徙而从西非传向东非、中非和南非的。从这些地区发掘的遗址存在的年代看，铁器传播速度非常快，是在短短几个世纪内完成传播的。至公元 5 世纪前后，整个撒哈拉以南非洲的铁器时代居民点已经相当多了。

铁器的出现和应用在非洲历史上具有划时代的意义。铁器技术的广泛传播，使得班图族人能改善其农耕技术，从而脱离石器时代并将农业扩张至热带草原上。因为班图族人掌握冶铁技术，所以其在南非具有支配地位，而且是极富有的民族，同时他们亦能制造铁制工具和武器，因此成为非洲历史上举足轻重的民族。

第三章

非洲的环境与民族

非洲独特的地理环境对人类的进化与发展起着极为重要的作用。当前，它在孕育了世界上几乎一半农村人口的同时，炎热干燥的气候以及贫瘠的土地在很大程度上限制了其进一步的发展。因此，在"东边的故事"假想中，科庞重点分析古人类时期的非洲地理环境是有其道理的。

非洲地形与人口迁移

　　整体上看，非洲地形是从狭长沿海地带陡然升起的一片辽阔高原，主要由上古结晶岩块构成，素有"高原大陆"之称。非洲地势由东南向西北倾斜，大致以刚果河口与埃塞俄比亚高原北部边缘一线为界。东南部地势最高，自北而南有埃塞俄比亚高原、东非高原和南非高原。其中有"非洲屋脊"之称的埃塞俄比亚高原平均海拔高约 2500 米。地质上是寒武纪基底杂岩组成的非洲古大陆的一部分，覆盖着中生代海相沉积层，玄武岩覆盖层厚达几百至两千米，许多死火山海拔 3500 米以上。大部分高原表面呈微波状起伏，单调的景色可延展几百千米。当然，有些地区在海拔和形态上也有明显的差异。如穹形隆起和盆状凹陷、熔岩高原和火山锥、陡崖和幽谷等都在一定程度上使高原地形复杂化，但改变不了高原的基本面貌。整个非洲大陆轮廓比较完整，四周为高陡海岸，更显出非洲是一个高原大陆的特征。

非洲大陆的断裂地形与火山带随处可见，尤其是东非大裂谷和四大著名火山，东部的乞力马扎罗火山、西部复式活火山喀麦隆火山（Mont Cameroun）、位于刚果（金）的尼拉贡戈（Mont Nyiragongo）火山和坦桑尼亚的梅鲁火山（Mont Meru）。褶皱山脉很少，而且分布在高原边缘地区，仅有的两条褶皱山脉分别是大陆南端的开普山脉和西北部的阿特拉斯山脉。

西部和北部海拔较低的地方与南部和东部的较高地区形成强烈的对比。西北半部被称为低非洲，海拔多在 500 米以下，大部分为低高原和盆地，有东北部尼罗河上游盆地、中西部刚果盆地、西南部尼日尔河盆地和东南部乍得内流盆地等。而非洲大陆由东南向西北倾斜的地势特征，决定其水系多流入大西洋和地中海。干旱地区广泛和大陆边缘多山的地形特点，形成大面积大陆内流区和无流区以及沿海河流相对短小的水系特点。其大陆东部南北纵贯的主要分水岭，把非洲水系分为大西洋（包括地中海）流域和印度洋流域两大部分。非洲流域面积超过 100 万平方千米的大河有刚果河、尼罗河、尼日尔河与赞比西河，此外还有塞内加尔河、沃尔特河、奥兰治河与林波波河等较大河流。正是非洲大陆上纵横密织的河流，促进了非洲历史上商业贸易的繁荣。

在历史上，非洲因饱受部族战争、奴隶贸易、商业贸易和人口压力等因素的影响，人口曾有过多次迁徙。其中规模较大的就有阿拉伯人穿过撒哈拉沙漠入侵苏丹、班图人从喀麦隆高原向东非和南部非洲的迁徙、东非的尼罗－闪米特人（Nile-Semites）向南方迁徙以及布须曼人[①]（Bushmen）和霍屯督人[②]（Hottentots）向南部非洲的迁徙，等等。所有这些大大小小的人口迁徙，对非洲人口在地域上的分布起着重要的调节作用。

但是在近现代，为了某些商业目的——采矿（盐矿、铁矿、金矿以及铜矿）——而出现人口流动的现象。非洲的盐矿素称极端环境中盛产的白色金子，主要分布在埃塞俄比亚阿法尔地区凹地中的达洛尔（Dallol）火山周围，3 万年前的红海洪水漫过此地，把达洛尔火山埋藏在 1 千米厚的盐层下。地层深处的火山活动穿透地表的盐层，以热泉的形式喷出地表，所带来的矿物质与盐相互作用，形成了无数形态奇异、色彩缤纷的硫磺锥、硫酸钙塔、盐华台和硫酸池。阿尔法人在这里采盐的历史已经有数个世纪。在撒哈拉沙漠以及喀拉哈里沙漠（Kalahari）中也有许多盐矿。黄金在非洲大陆分布甚广，其中南非、津巴布韦、加纳和民主刚果共和国是非洲前四大黄金蕴藏地，在其他非洲国家也有黄金分布，因此也吸引了来自非洲本地以及世界各地的淘金者。铜主要分布在著名

① 布须曼人又称桑人（San）或巴萨尔瓦人（Basarwa），是生活于南非、波札纳、纳米比亚与安哥拉的一个原住民族，其语言是科伊桑语系的一支，是科伊科伊人（Khoikhoi）的相近种族。布须曼人散居在非洲南部国家博茨瓦纳西南部的丛林和卡拉哈迪沙漠中，是南部非洲和东非最古老的土著居民。

② 霍屯督人自称科伊科伊人，主要分布在纳米比亚、博茨瓦纳和南非，使用霍屯督语，属科伊桑语系。一般认为属于尼格罗人种科伊桑类型，但更像是远古蒙古人种的残存后代，其体质特征和语言同布须曼人相近，因而他们合称科伊桑人。

的民主刚果与赞比亚铜矿带中，其铜储量达 2200 万吨，占非洲总铜矿储量的 83%。非洲大陆其他的铜矿资源主要分布在南非、纳米比亚、摩洛哥、乌干达、毛里塔尼亚、博茨瓦纳和津巴布韦等国。

　　铁制锄头和犁地用的铁铧最初出现在萨赫勒地区。考古学家发现，为寻找冶炼铁制品材料，非洲人前往古埃及的麦罗埃 ^①（Méroé）南部、北非、尼日尔东部以及中部尼日利亚高原寻找铁矿。至于冶铁技术何时传播到了撒哈拉以南非洲，学界尚无定论，但是可以肯定的是，整个非洲在公元纪年初期已经进入铁器时代。非洲人掌握炼钢技术的年代与中东差不多，大概在公元 5 世纪。近些年，通过航拍和卫星照片发现，非洲大陆上的道路纵横交错、百转千回，所以我们永远无法想象在这片广袤的大地上仍然有许许多多与世隔绝的原始部落。事实上，非洲当前几乎处于与世隔绝的境地，关键原因还得归咎于非洲当地的各种战争（内战、奴隶贸易等），而非欧洲人所谓的非洲人智能低下。当然，环境恶劣且资源匮乏也是导致非洲大陆发展受限的另一个客观因素。

---

① 麦罗埃是非洲古代库施王国的都城遗址，位于今苏丹共和国凯布希耶以北，被誉为"古代非洲的伯明翰"。由于其地处尼罗河、红海、印度洋和乍得湖之间的交通要冲，与希腊、罗马、阿拉伯和印度都有贸易往来。麦罗埃盛产黄金，很早以前就受到埃及文明的影响，在埃及新王国时期就已有城市存在。

疾病肆虐的大陆

在世人眼中，非洲就是肮脏的代名词。几个世纪
以来，西方国家的卫生条件不断改善，而许多踏上非
洲大地的亚洲人和欧洲人却感染了热带疾病，这足以
证明非洲的卫生状况几乎没有任何改观。某些长期致
命的严重疾病，譬如自史前时期即已出现的人兽共患
寄生虫病——非洲睡眠病（又称非洲锥虫病）以及
1000 多年前就出现的疟疾。由于缺乏有效的疫苗，至
今仍是导致非洲人死亡的主要原因。麻风病在非洲国
家依然猖獗，而且还存在许多由昆虫传播的其他热带
疾病。以非洲苍蝇和蚊子为例，这种昆虫在森林中传

播丝虫病^①，而这种病直到 20 世纪 50 年代才得到有效控制。除此之外，诸如狼蛛、毒蛇等危险的野生动物也给人类带来极大威胁。

更糟糕的是，蟠尾丝虫病在 70% 的非洲河川区域肆虐横行。该疾病经黑蝇（蚋）传播，主要分布于热带的非洲撒哈拉地区以及西非河川沿岸，是全球仅次于沙眼、可造成失明之第二大感染症，由寄生性的蟠尾丝虫引起。传播此种寄生虫的昆虫喜好生活在清澈流动的河川，在当地居民生活又需要水源的情况下，使得许多沿河村落的居民陆续失明，因此又称该寄生虫病为河川盲、河盲症。由于杀灭黑蝇幼虫是最根本的预防方式，所以近些年在清除昆虫威胁的国际组织帮助下，沃尔特河（Volta，又译"伏塔河"）流域的布基纳法索（le Burkina Faso）和加纳两国的疫情基本得到控制。而灭杀黑蝇幼虫的代价普遍较高，该疾病仍在非洲许多地区威胁着人类的健康，所以人们在选择定居点时，尽可能避开河川区域。同时，尽管非洲河流众多，传统的地表灌溉技术曾经大大促进了非洲农业的发展，但近几个世纪以来，大部分非洲人民却摒弃了这种灌溉技术（尼罗河流域除外），以免遭蟠尾丝虫病的威胁。

在较早的时候，非洲地方性疾病的暴发相对本地化。而到了殖民时期，由于人口流动性较大，所以导致整个非洲大陆流行疾病肆虐横行。以睡眠病为例，该病最初由萃萃蝇^②在赤道附近传播，20 世纪上半叶，

---

① 丝虫寄生在淋巴组织、皮下组织或浆膜腔所致的寄生虫病，寄生虫在皮肤下移动，一旦到达人的大脑，极易导致失明或死亡。

② 萃萃蝇只存在于非洲大陆南北纬 15° 之间，它能传播一种昏睡病，使人整天昏昏沉沉、无精打采，严重的还会危及生命。它们大肆攻击草原牧场上的牲畜，对畜牧业危害很大。

随着劳工的迁移，在非洲其他地区快速传播开来，直至 1950 年前后才得到遏止。此外，由伊蚊①传播的黄热病，尽管 1935 年就已经提取了疫苗，但至今每年仍有许多人因此病死亡。

还有一些其他疾病是由外来的阿拉伯人和欧洲人带入非洲的，例如天花、性病、脊髓灰质炎和麻疹等。天花定期会造成致命的流行病，18 世纪天花曾肆虐全球。脊髓灰质炎和麻疹传播广泛，是一种急性传染病。病毒常侵犯中枢神经系统，损害脊髓前角运动神经细胞，导致肢体松弛性麻痹，多见于儿童，故又名小儿麻痹症。20 世纪 50 年代发明脊髓灰质炎疫苗后，该病的发病率才得到有效控制。而肺结核最早出现于第一次世界大战期间，随着“一战”后军人复员回国，各种性病也被带了回来。艾滋病不仅为非洲带来了巨大灾难，同样为安全卫生制度完善的西方国家带去了恐慌。艾滋病广泛传播是有历史原因的：根据最新的研究发现（该研究于 2010 年由法国巴黎第七大学圣路易医院开展），艾滋病病毒长期处于休眠状态，在非洲殖民和后殖民时期，由于预防性措施缺乏，不洁输血与注射疫苗时共用注射器，致使 20 世纪 50 年代出现大规模艾滋病疫情。此外，随着男性同性恋群体的不断扩大，在 1981 年和 1982 年分别在美国和非洲出现了两次重大疫情。

对于大多数养殖户来讲，动物疾病（或动物流行病）与人类传染病一样令人生畏。在欧洲人入侵以前，非洲许多动物流行病并不为人所知。

---

① 伊蚊是一种中小型黑色蚊种，有银白色斑纹，分布于全世界。伊蚊多会传播很多疾病，是凶猛的刺叮吸血者，有些伊蚊则是黄热病、登革热等虫媒病毒的传播者。少数种类是丝虫病的媒介，给人类健康带来了极大危害。

19 世纪中期，在南非出现首例牛肺炎，1870 年便传播到中非的内陆国家
乍得。给养殖户带来最惨重损失的是牛瘟 ①，该疾病于 19 世纪 60 年代
初期，自俄罗斯草原传入非洲地区，埃及是最早出现牛瘟疫情的国家，
1865 年传入西苏丹。19 世纪 80 年代，从俄罗斯和印度进口感染牛瘟的
病牛后，该疾病在非洲大面积暴发。自 1889 年起，牛瘟疫情在东部非洲
和南部非洲定期造成大量牲畜死亡。据非洲南部莱索托王国（Lesotho）
的传教士记载，1852 年以及 1855 年至 1857 年间，数不胜数的猪和羊因
感染胸膜肺炎而死亡。由于感染传染性疾病，1865 年有超过一半的羊
和马丧生，1864 年到 1866 年间，成千上万的奶牛死亡。1877 年的大饥
荒与 1896 年的牛瘟相继导致非洲牲畜锐减，至 19 世纪末期，索托人 ②
（Sotho）几乎失去了一半的家畜。正值欧洲人加速征服非洲之时，这些
灾害导致了非洲人口的大大减少，到底是巧合还是必然呢？

---

① 牛瘟又名烂肠瘟、胆胀瘟，是由牛瘟病毒所引起的一种急性高度接触性传染病，
其临床特征表现为体温升高，病程短，黏膜特别是消化道黏膜发炎、出血、糜烂和坏死。
② 索托人亦称苏图人（Suthu）或苏托人（Suto），是住在非洲南部德拉肯斯山
（Drakensberg）以西地区的一个语言和文化集群，主要群体按惯例分为：特兰斯瓦
索托人（Transvaal），又称北索托人，包括佩迪人（Pedi）、洛维杜人（Lovedu）及
其他部族；西索托人，或称茨瓦纳人（Tswana）；南索托人，常被称为巴苏托人
（Basuto），住在莱索托及其邻近地区。

气候与植被

　　相对于任何其他大陆而言，自然环境是非洲文明的一个决定性因素。事实上，"现代"技术在非洲的发展比其他地方慢，是由许多复杂原因导致的。几千年来，干燥的气候、稀疏的植被、匮乏的雨水等成为影响非洲农业发展的主要障碍。

　　非洲的气候类型分布图显示：赤道横贯非洲大陆中央，整个大陆基本被赤道均分为两部分，气候带呈明显带状分布，以热带雨林为中心，向南北依次分布着热带草原、亚热带和热带沙漠，以及地中海气候，并且南北对称。地中海气候 [1]，位于非洲大陆的南北边缘，面积较小，夏季炎热而干旱，冬季温暖而湿润。

　　其次是亚热带和热带沙漠气候，分布于热带草原南北两侧，主要是非洲北部的撒哈拉沙漠和南部的卡拉哈里沙漠（Kalahari）。热带沙漠气候的特点很多，比如晴天多、阳光强、干燥、夏季热、昼夜温差大、风沙多等。总而言之，该气候带终年干旱炎热，尤其夏季更是酷热难耐，极像欧洲夏季的气候。

---

① 地中海气候，又称作副热带夏干气候，由西风带与副热带高气压带交替控制形成的，是亚热带、温带的一种气候类型。其分布于中纬度大陆西岸，包括地中海沿岸、黑海沿岸、美国加利福尼亚州、澳大利亚西南部的伯斯和南部的阿德莱德一带、南非西南部，以及智利中部等地区，因地中海沿岸地区最典型而得名。

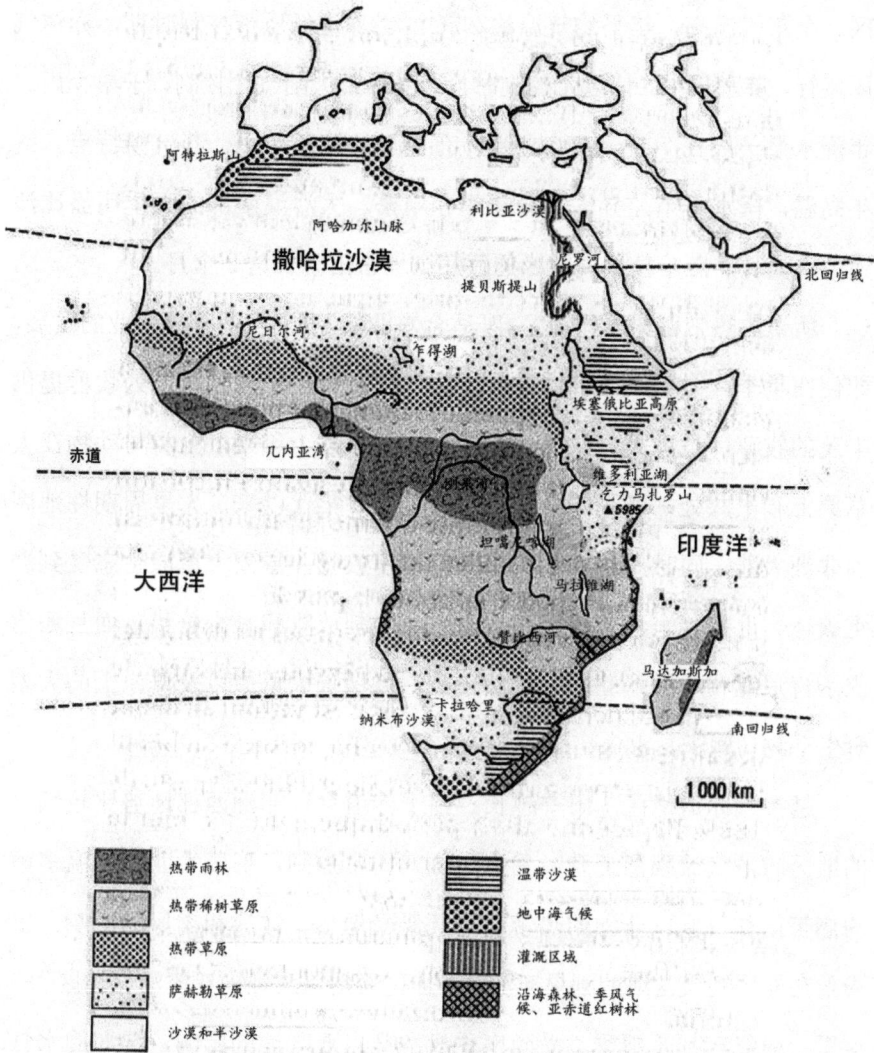

阿特拉斯山

阿哈加尔山脉

利比亚沙漠

撒哈拉沙漠

北回归线

提贝斯提山

尼日尔河

乍得湖

尼罗河

埃塞俄比亚高原

赤道

几内亚湾

刚果河

维多利亚湖

乞力马扎罗山
▲5985

印度洋

坦噶尼喀湖

大西洋

马拉维湖

赞比西河

马达加斯加

卡拉哈里

纳米布沙漠

南回归线

1 000 km

热带雨林

温带沙漠

热带稀树草原

地中海气候

热带草原

灌溉区域

萨赫勒草原

沿海森林、季风气
候、亚赤道红树林

沙漠和半沙漠

非洲自然植被的分布图

非洲中部的热带草原气候分布区处于赤道低压带与信风带交替控制区。全年气温高，年平均气温约 25℃。当赤道低压带控制时期，赤道气团盛行，降水集中；信风带控制时期，受热带大陆气团控制，干旱少雨。年降水量一般在 700—1000 毫米，有明显的较长旱季。其气候特点：终年高温，降水季节差异大，分旱季和雨季。大沙漠南部的雨季明显比沙漠地区更长，撒哈拉沙漠边缘的萨赫勒地带雨季长达 2 个月。

所谓的热带稀树草原地区，既适合农业的发展，也适合养殖业的发展，即使在旱季，大草原亦可作为萨赫勒地区牧民的理想牧场，为牧群提供丰茂的牧草，是世人公认的"富庶"区域。几千年来，人类与动物在大草原上和平共处，毫无纷争。自 20 世纪 70 年代以来，大旱周期性地席卷非洲大陆，同时人口大量增长以及过度放牧，导致大草原生态受到严重破坏。近些年来，非洲相关国家通过限制放牧和减少狩猎，而且还建立了肯尼亚和坦桑尼亚国家自然公园，以保护大草原以及草原上的大型野生动物（狮子、水牛、斑马、羚羊等）。

越接近赤道地区，雨季越长。由于赤道穿过非洲西部地势比较低平的地区时，气流强烈上升，受赤道低气压带控制，形成大面积高温多雨的热带雨林气候。非洲的热带雨林气候受地形、洋流和季风的影响，仅局限在非洲刚果盆地的刚果河流域、加蓬盆地以及几内亚湾沿岸地区[①]，这里一般终年都是雨季。受西南季风和几内亚暖流的影响，湿润的水气将从河口深入盆地内部，在赤道低气压的影响下，辐合上升，全年降雨

---

① 以赤道为分界线，热带雨林在赤道两侧并非呈对称状态，北侧的面积略大于赤道南侧。据气象学家解释，该现象是南半球的气温比北半球略高导致的。

丰沛。但是赤道附近的东非高原，由于地形的缘故，形成热带草原气候；而西海岸的刚果盆地以南的沿岸地区，受本格拉寒流和南赤道离岸气流的影响，形成了热带沙漠气候。

非洲复杂的气候特征决定了自然植被在各地区的分布不尽相同，而人们的生活方式在很大程度上取决于自然植被的分布情况。地中海气候为葡萄和橄榄提供了绝佳的生长环境，因此北非马格里布地区与非洲南部开普省的居民大面积种植这两种农作物，并以此为生。作为沙漠游牧民族的贝都因人（Bédouin）是非洲干旱沙漠地区的游牧民族，主要分布在北部非洲（埃及）广阔的沙漠地带，独自生活在干旱没有生机的荒漠中，世代依靠骆驼作为主要生活工具，根据水源游牧流动。

相对于温带地区而言，非洲大草原有明显旱季和雨季之分，每年5—10月（赤道以北）和12月到次年4月（赤道以南）的漫长雨季是各种植物生长的理想季节。在非洲撒哈拉沙漠以南，玉米地随处可见，赶上雨季来临前播种，雨季后收割，高原的阳光及雨季充足的水量使非洲这种单一的农作物，亦即非洲人的主食，得以在靠天吃饭的恶劣地域顽强地延续下来。尽管玉米的营养价值没有小麦高，却养活了大量非洲人，而且还减少了对美国进口的依赖。研究证明，16世纪至20世纪初，玉米、木薯和豆类农作物在非洲就被各地逐渐大面积种植，并不一定是欧洲人把这些农作物带入非洲。

非洲大湖地区[①]处于赤道附近,但较高的海拔使其气温适宜,而且过去火山的喷发活动,使该地区拥有世界上最好的农田,因此是非洲自然资源最丰富的地区,也是世界上人口最密集的地区之一。在欧洲殖民者到来之前,稠密的人口以及富余的农产区,使该地区形成了一系列小国,这些君主国中最强大的有卢旺达、布隆迪、布干达和班约罗。由于种族冲突、欧洲殖民者的挑拨以及美国介入该地区事务,所以近几十年以来,这里一直处于动荡状态。尽管在公元 10 世纪以前,大湖地区已经从印度引进了香蕉的种植,但今天仍然把玉米、木薯和豆类作为主要农作物。

公元 16 世纪至 18 世纪期间,玉米逐渐向中非地区传播。20 世纪初期,由于第一次世界大战导致粮食短缺,因此尼日利亚南部地区开始大面积种植木薯。尽管木薯的营养价值没有其他根茎类作物(白薯、马铃薯、山药等)高,但对于食物匮乏的非洲来说,木薯仍然是他们首选的食物。而真菌性病害——褐条病,是玉米与木薯的最大病害。该病菌通过气流传播其分生孢子,落在玉米与木薯叶子上的分生孢子,在叶面有水层时便萌发出芽管,从气孔侵入,也可在直接侵入玉米与木薯细胞之后,又在病斑上长出分生孢子,进行重复侵染。褐条病最初出现在东非地区,但适宜褐条病菌孢子萌发的温度为 16℃—40℃,所以非洲地区全年均有褐条病的发生,对农作物造成了极大灾害。

---

① 非洲大湖地区位于非洲中东部,是指环绕非洲维多利亚湖、坦噶尼喀湖和基伍湖等湖泊的周边地区和邻近地区,涵盖安哥拉、布隆迪、中非、刚果(布)、刚果(金)、肯尼亚、卢旺达、苏丹、坦桑尼亚、乌干达和赞比亚 11 国,面积 700 多万平方千米,总人口约两亿。但是,连年战乱也使大湖地区成为世界上战乱、饥荒、瘟疫和难民最集中的地区,被称为"非洲的火药桶"。

自然土壤与农业发展

　　除尼日尔河谷、沙漠绿色带以及肥沃的火山灰土地外，非洲其他各地均为贫瘠的红壤。非洲炎热沙漠地带的这类土壤，长期在强烈日光的照射下，土壤中的水分及其他物质被蒸发掉，矿物发生强烈的风化作用，从而形成褐红色土壤。其母质多是物理风化的产物，质地较粗；由于雨水稀少，淋洗及沉积作用很弱，剖面很浅；颜色黄灰至红棕；不含腐殖质，但富含钙质；土壤溶液呈强碱性反应，难以利用。故农民在种植农作物前，往往需要对红壤保肥性能差和质地黏重或砂粒过多等不良性状进行改良。

　　在赤道热带多雨气候区内，终年暖热湿润、植物繁茂。基岩风化层的厚度可达数十米至百余米，地表部分的成土过程进行强烈,碱和碱土金属大量淋失,铁、铝则留存了下来但相对的集中,因而形成了砖红壤、红壤和砖红壤化红壤。这三类土壤呈酸性或强酸性反应,矿物质养分少,土体呈深红色,有机物来源虽丰富,但因分解迅速,使得土体内的养分积累很少。几千年来,非洲农民凭借其智慧,克服贫瘠土壤带来的困难,通过尝试种植不同类型农作物,最大限度地从土中求食。首选农作物有谷类作物(小米、高粱、福尼奥米、玉米等)、根茎类作物(山药、红薯、木薯等)以及豆类植物(菜豆、四季豆、芸豆等),这种农作物的混合种植模式为中非和东非地区的居民提供了丰富多样的食物。

为更好地利用红壤,须对其淋溶作用强、矿质养分少、酸性大、易产生铝锰毒害、保肥性能差和质地黏重或砂粒过多等不良性状进行改良。施加绿肥是改良红壤的关键措施,然而在睡眠病高发区,由于动物粪便匮乏,占主导地位的土壤再生方式,便是依靠"刀耕火种"或丛林火灾,利用草木的灰烬提高土地中的氮、磷、钾等矿质肥料;施用石灰降低红壤的酸性;凭借15—20年的休耕,让土地"休养生息",用地养地来提升和巩固农作物产量;旱地改水田,减少水土流失并有利于有机质积累,提高红壤生产力;保护已有植被,防治风化与侵蚀;在人口稠密的村庄采用"轮作"[①]的方式等。

经研究发现,传统的农作物生产方式、牲畜养殖方法以及土地使用制度之间存在着重要的联系。农业的轮耕或长期休耕制度和畜牧业是在土地资源丰富而资本匮乏的社会所采用的生产方式。这主要是由人口迁

---

① "轮作"是指在同一土地上,有顺序地在季节间和年度间轮换种植不同作物。

移引起的：当农作物产量下降、牧草稀少时，人们就向别处迁移，使得土地的肥力通过自然植物的生长和腐烂得以恢复。随着人口密度逐渐增加，旧有的土地使用制度逐渐随之改变，土地的使用频率就会增加——如东非高原。在土地资源丰富的地方，农牧循环过程中人们可以逐渐获得更多的收成。但是人口的迅速增长使人们不得不逐渐滞留在某一个地方，然而他们的农业耕作技术并没有得到相应提高，因而无法进行持久性的农业开发。结果，土地肥力和土壤结构恶化、收成降低、土壤侵蚀。像这样的极端例子有卢旺达、布基纳法索的中央高原区和尼日利亚部分地区。

19 世纪是非洲政治演变进程中的一个重要断层时期。除极端恶劣的气候原因外，殖民前的非洲农村人一直按部就班地生活着，从未出现大饥荒的现象。然而，在殖民者到来之后，殖民者把最好的土地没收充公（主要在肯尼亚与南部非洲地区），其目的是迫使土著人留下，避免人口不断迁徙，从而通过税收、粮食交租、强制服兵役等方式来剥削他们。尽管如此，广袤的非洲大草原仍然是非洲人口最稠密的地区（殖民者划定的自然保护区除外）。

另外，当人口密度较低时，传统的体制和生产生活方式能充分满足人们生存的需要。在人口增长缓慢的情况下，传统的体制和生产生活方式会慢慢相应做出改变。20 世纪中期，随着非洲人口呈爆炸式增长，使得原本脆弱的"生态平衡"被破坏。为养活急剧增长的人口，急需提高粮食产量，因此土地被过度耕种，从而使土地肥力下降，造成土地更加贫瘠。20 世纪 50 年代，为大规模种植花生而无节制地开垦土地，导致

英属坦噶尼喀 ① 和塞内加尔暴发了严重的生态灾害。

此外，非洲大陆被掠夺破坏了几个世纪，贫穷与饥饿都成了非洲的代名词。也正是因为生存资源的稀缺，才导致非洲种族间连年的战乱。结果就是越打越穷，越穷越打。没有稳定的社会环境，就无法稳定地耕作。更有大量的适龄劳动人口被拉去当兵打仗，自然无法发展农业。

非洲农业发展缓慢的另外一个原因是缺乏创新意识且劳动工具落后（农耕方式主要依靠畜力拉犁）。虽然在非洲某些地方也逐渐出现过亚洲农民曾经采用的"绿色革命"技术，但非洲的农业技术革新步伐仍过于缓慢。农业科研和技术推广效率不高只是一部分原因，落后的交通运输基础建设严重地阻碍着农民从自给自足型转向市场导向型的生产，妨碍他们从粗放型转向集约型的农业生产方式。不合理的价格、汇率和财政政策降低了市场导向型农业生产的盈利能力，使农业生产不能获得相应的利益，从而导致农村长期贫困。

鉴于农业生产方式极其有限，所以农民们深知对外学习农业技术的重要性，只要有适当机会，他们就会不断学习、革新农作物种植技术与手段。譬如在素有"小巴黎"之称的阿比让（Abidjan），该地属热带雨林气候，气候湿润，水资源丰富，通过现代化技术扩大水稻种植，成为当地人粮食的可靠来源。

---

① "二战"后，英国又以"托管"的名义继续其在坦噶尼喀的殖民统治。

人口变化

　　非洲农业在如此脆弱的情况下能够砥砺前行，主要是因为其人口在几个世纪以来始终保持在较为稳定的状态。16 世纪初期，非洲的总人口大致在 1 亿左右，占当时全球人口总和的 20%，到 19 世纪末期，人口减少了 500 万，大概为 9500 万，仅占全球人口的 9%。20 世纪 50 年代，非洲人口呈爆炸式增长。经过半个世纪的增长，从 20 世纪 50 年代的 2.29 亿增加到 2010 年的 10 亿左右（其中 8 亿人口在撒哈拉以南非洲），增长到原来的 4.3 倍，占全球人口总数的 18%，其人口总量仅次于中国、印度和拉丁美洲。对于非洲人口长期稳定增长的态势，如何解释如此高的生育率呢？

　　当今几乎所有人把非洲人口停滞不前，甚至负增长的原因归咎于血腥且罪恶的大西洋奴隶贸易。诚然，奴隶贸易对非洲人的摧残和对非洲社会经济的破坏不可估量，但其政治后果——使非洲完全丧失政治独立性，远比其他方面严重。事实上在 16 世纪至 19 世纪期间，非洲人口持平甚至下降的原因，除约有 1 亿非洲人被贩卖至欧美外，更重要的是欧洲人别有用心地挑唆非洲人之间互相残杀，他们以非制非的诡计导致非洲人内部互不信任。任何人都可捕捉他人而发财，任何人都有被他人捕捉的危险。武器对他们来说是非常重要的，但若要得到武器摆脱自己的厄运就得出卖同胞，每个人、每个部族、每个国家都是如此，因而陷入了恶性循环。奴隶贸易使非洲人民、民族及国家均堕落到惨无人道的地步。

　　由于历史因素和自然条件的共同影响，非洲人口的疏密分布极其不规则。人口最稠密的地区是尼罗河谷地、尼日尔河与刚果河流域以及西北部地中海沿岸等地区。一般而言，非洲人口较稠密的地区有下列几处：滨海地区，尤其是地中海、几内亚湾和印度洋沿岸（曾受 19 世纪睡眠病严重影响的地区除外），一般系欧洲殖民者最先入侵的地方，是殖民统治的中心和据点，经济比较发达，人口较多；内陆高原，如东非高原、埃塞俄比亚高原（沿湖地区长期处于战乱状态的卢旺达与布隆迪除外）、尼日利亚北部高原和南非高原，地势高亢，气候较温和湿润，疾病较少，农牧业比较发达，也居住着较多的人口；殖民者为了掠夺非洲的资源，先后修筑了几万千米的铁路，沿线经济发展较快，人口也较密集；干燥地区的沿河及"绿洲"，灌溉农业比较发达，人口也相应集中，如苏丹北部的尼罗河谷地。除此之外，非洲其他地区人口相对稀少，撒哈拉、卡拉哈里和纳米布三大沙漠区的人口密度均在每平方千米 0.5 人以下，是世界人口最稀疏的地区之一。

近几十年来，非洲就发生过三次重大的旱灾：第一次在 1968 年至 1973 年间，西非的萨赫勒地区曾发生震惊世界的严重旱灾，乍得湖水位降低而分成若干小湖，大片耕地龟裂，庄稼歉收，牧场草木枯死，因而造成人畜大量死亡；第二次是 1983 年至 1985 年间，非洲的西非、非洲之角及南非地区均发生了不同程度的旱灾和饥荒，至少有 20 个国家的 3000 万人受灾，1000 万人离家寻找水源和食物，这次旱灾被认为是第二次世界大战以来地球上所发生的最严重的灾害之一；第三次发生于 1991 年至 1992 年间，埃塞俄比亚南部和肯尼亚北部约有 75% 的牲畜死亡，南部非洲大多数国家谷物收成减半，约 1800 万人急需救济，3000 万非洲人正处于严重的营养不良和饥饿之中。

恶劣的气候也是导致非洲人口停滞不前的重要因素。据阿拉伯编年史作家记载，自 16 世纪起，西非或东非每个世纪均会遭遇两到三次的严重干旱，而且每次干旱都导致灾难性的后果：蝗灾蔓延[1]、瘟疫肆虐、传染病横行。19 世纪末期，天花、牛瘟以及性病再次卷土重来，这些外来的人畜流行病致使非洲大地遭遇毁灭性打击，人口一度减少了 2/3。其中在中非地区由各种性病引起女性不孕不育现象非常普遍[2]，并从西非传

---

① 蝗灾往往和严重旱灾相伴而生，有所谓"旱极而蝗""久旱必有蝗"之说。

② 在男权主义为主的非洲社会，倘若女性不能生育将受到谴责甚至惩罚——男性可以休掉无生育能力的妻子，然后另娶他人，被抛弃的妻子则无权索回嫁妆。

到中非、从加蓬传到肯尼亚。倘若把人口下降归咎于性病引起的不孕不育，那就大错特错了，事实上整个非洲的生育率还是比较高的，只是因地区和社会等级的不同而存在差异而已。

降水量的变化与人口增长

　　人口变化和迁移模式在很大程度上依赖于非洲大陆的气候历史，所以有必要对非洲大陆的雨季与旱季历史加以梳理。几千年来，强降雨给非洲人民带来了巨大的灾难，但同时也促使人们不得不采取补救措施，以应对强降雨带来的洪涝灾害。一般而言，充沛的雨水为人类提供充足的食物，人口在这个时期也会急剧增长，从而可以更好地抵御外敌的入侵。

　　众所周知，自公元前 5 世纪以来，撒哈拉地区的干燥气候导致该地区长期处于动荡状态。也正是由于该原因，撒哈拉地区的原著居民[1]为逃离这里，不断往大沙漠以北或以南地区迁移。近代以来，尤其是在 1500 年至 1630 年的 130 年里，由于气候潮湿多雨，撒哈拉沙漠的扩张速度逐渐减慢，并呈现逐渐缩小的趋势。到公元 1600 年前后，在位于沙漠以南 200 千米至 300 千米的地区发现了骆驼、家畜和农田的印迹，比其他地区足足晚了 250 年左右。在中非地区，雨水充沛的季节非常适合种植玉米，足够的粮食推动了该地区人口的快速增长。自公元 16 世纪起，急剧增长的人口使得中非发生了巨大的政治变革——形成了卢巴帝国（l'Empire Luba）和隆达帝国（l'Empire Lunda）。但随之而来的长期干燥气候，导致萨赫勒地区的沙漠化进程逐步加快。公元 1750 年前后，尽管西非地区仍然种植玉米[2]，但由于土地不断沙漠化，该地区的主要农作物随后逐渐被高粱和小米所代替。

然而，18 世纪的持续旱情在进入 19 世纪后有所缓和，非洲在这个阶段经历了较长时期的充沛雨季。而正是在 19 世纪，非洲当地政府面临着巨大的威胁——欧洲列强（尤其是法、英两国）试图从塞内加尔沿岸、奴隶海岸[3]（今达荷美共和国，1975 年更名为贝宁人民共和国）以及黄

---

[1] 该地区原著居民属于尼罗—撒哈拉语系。该语系包括 4 个语族和 2 种独立的语言：沙里-尼罗语族、撒哈拉语族、马巴语族、科马语族以及富尔语和桑海语。撒哈拉语族分布于乍得湖以北和以西广大地区，主要语言为卡努里语，通行于尼日利亚东北部；马巴语族和科马语族的使用人数很少，分别通行于乍得和埃塞俄比亚—苏丹边境地区；富尔语分布于苏丹西部；桑海语分布于马里的尼日尔河流域和尼日尔西南部。

[2] 玉米主要种植在非洲中东部高原地区。

[3] 奴隶海岸是西非贝宁湾的历史称呼，因此地是大西洋奴隶贸易主要奴隶出口地而得名。

金海岸①进入非洲内陆。19世纪30年代末至70年代初期，因气候原因导致的自然灾害发生次数间隔时间较长，民众有足够的条件迅速恢复生产：平均每隔十年发生一次极其严重的旱灾，非洲民众在此期间完全可以恢复元气。但自19世纪60年代起，旱灾发生的频率有所增加，平均每5年就发生一次。

19世纪末，极端气候导致的自然灾害在非洲大陆频繁暴发。自1880年开始，严重的旱灾使得维多利亚湖水位不断下降，持续近30年的旱情肆虐整个撒哈拉沙漠地区。前文提到，在莱索托王国布道的传教士记载道，干旱引起的大面积缺水以及蝗灾几乎使所有农作物绝收，牛瘟侵袭更是雪上加霜。非洲大陆在饱受自然灾害的同时，殖民者亦对这片土地进行残暴统治及疯狂的奴隶贸易，最终导致非洲人口在19世纪最后30年里急剧下降。然而，由于非洲大陆南北两端（尤其是阿尔及利亚和南非）的人口结构得到改善，因此其人口整体数量仍呈增长趋势，人口总量达到1.2亿。

与此同时，19世纪末非洲人口数量的减少同15世纪拉丁美洲人口的下降均有一个共同特点——本地人卫生健康防范意识不强，导致致命性的输入性疾病猖獗，从而引起大量人口死亡。欧洲殖民者在19世纪最后二三十年里加剧对非洲大陆的殖民统治与奴隶贸易，达到非洲被殖民史上的巅峰阶段。比利时人类学家、非洲历史研究专家贾恩·万西纳（Jan Vansina，1929—2017）曾指出，1876年至1920年间，比利时人对比属

_____

① 黄金海岸是英国于1821年在西非几内亚湾沿岸的一个殖民地，因当地盛产黄金而得名。

刚果的残酷统治导致该国近一半人口死亡。另有其他研究表明，1880 年至 1920 年间，在中非和东非地区，乃至整个非洲大陆，因睡眠病引起的人口死亡数量占人口总量的三分之一。事实上，致命传染病也是导致非洲人口高死亡率的主要原因：号称人类历史上第二致命的西班牙型流行性感冒，在 1918—1919 年曾经造成全世界约 10 亿人感染，2500 万—4000 万人因此死亡，其中非洲死亡 135 万 [1]；睡眠病肆虐非洲近半个世纪（1914—1950），致使数以万计的人死亡；1940 年被发现的黄热病在非洲呈地方性流行，其传染性极强，致死率也极高。由此可见，非洲大陆发生的人口急剧下降现象是战争、疾病和饥荒同时引起的。

19 世纪末期频繁发生的旱灾，一直持续到 20 世纪 30 年代才有所减少。然而，由于 20 世纪 60 年代西非大规模扩大农作物耕种面积，严重损害了原本就十分脆弱的生态环境，所以自 20 世纪 70 年代以来，周期性的干旱再次席卷非洲大陆。近年来，这个周期更频繁、更持久、更严重，影响范围不断扩大。恶劣的气候使撒哈拉沙漠以每年 7 千米的速度向四周扩展：东南部原本脆弱的环境急剧恶化，植被完全被破坏，成为大片荒漠；北部也由于沙漠的扩展，牧场每年退化约 1000 平方千米，尼罗河三角洲每年被沙漠侵吞掉约 13 平方千米；南部宜农宜牧的土地近 65 万平方千米被沙漠吞噬。曾经水产资源极为丰富的乍得湖，其面积在近 40 年萎缩达 90% 以上。

所有这一切，不能全部归咎于气候因素引发的自然灾害。人口激增驱使人们扩大耕种面积，农田面积的增加使牧场面积更加减少，而牧畜

---

[1]　1921 年和 1922 年，非洲再次暴发该疾病，致使几百万人死亡。

量却有增无减，只能进一步扩大放牧范围……这种连锁式的人类活动使原本多样性的植被被破坏，持续的单一块茎农作物耕种使土地的肥力下降，土壤表层板结。土地失去了调节气候的功能，风蚀和水蚀带来水土流失和干旱。人类对自然环境的过度干涉与异常气候相互迭加使生态环境轻而易举地崩溃，并失去复原能力，最终逐渐演变为一场持续的灾难。

　　20 世纪 60 年代末和 70 年代初，非洲西部撒哈拉地区连年严重干旱，引发可怕的粮食危机，造成空前灾难，使国际社会密切关注全球干旱地区的土地退化现象。历史经验证明，只要受灾的相关国家与当地政府采取一系列有效应对措施，再加上国际社会的援助，一般性的严重灾难都会得到暂时缓解。但是前提是，在自然灾害发生的同时，人类并未有其他破坏性活动的参与，譬如局部战争、内乱以及政府的无能与腐败等。然而，事实正好相反，在非洲每次发生天灾的同时，总会伴有"人祸"，因此导致非洲民众遭遇更加深重的灾难。

　　此外，每当非洲民众历经千辛万苦战胜艰难险阻，屡次从灾难中重整旗鼓之时，人们总会羡慕非洲人民是多么坚忍不拔，几个世纪以来几乎毫不例外。一个无可争辩的事实是，除了在阿尔及利亚和南非有长期定居的殖民者外，在非洲的其他地区尽管也有来自近东、阿拉伯国家、印度尼西亚以及欧洲的商人、旅行家等人群不断涌入，但仍然以非洲本地人为主，少有非洲之外的人长期定居。非洲并非欧洲人眼中与世隔绝的不毛之地，它的历史亦非源自欧洲。非洲是一片有着悠久历史的神奇土地，而且从未被外来民族征服过。

非洲的“民族”与部族主义

　　媒体在谈到非洲的民族问题时，总会出现误解和偏颇，所以我们大多数人对非洲都存在很多错误认识，现在是时候来澄清这个问题了。

　　西方对非洲的“奴隶贸易”打乱了非洲国家民族一体化的进程，而“殖民化”则中断了这一进程。相对于“国家认同”而言，“民族认同”只是一个虚假概念或观念形态，它同样具有不确定性并令人难以捉摸。作为观念形态的部族意识或部族主义，是随着部族的孕育和部族关系的出现而逐步形成的。部族意识或部族主义之所以成为非洲国家普遍面临的问题，是历史与现实两方面因素使然。

　　倘若按照语言来划分非洲的族群，在非洲现存的语言中，有四分之三都属于班图语族。而"班图"并非一个种族或民族意义上的概念，而是与印欧语系类似的语言学概念。"班图语"是非洲赤道以南广大区域内诸语言的统称，使用者被称为班图人，总人口在1亿左右。但实际上，班图诸语言的使用者在人种和文化上很不一致，只是随着班图诸语言逐渐为语言学者所了解，人们才提出了"班图语系"的概念[①]。现如今，班图语系大约包含数百种不同语言，而且各种语言之间并不相通[②]。

　　班图语族最初在距今两三千年前的尼日利亚高原被发现，公元前10世纪随着使用者的南移，在随后2000多年中逐渐向中非、刚果盆地一带传播，尔后向南传至非洲最南端，同时为非洲南部地区带去了冶金、农业种植以及动物驯养等技术。班图人的迁徙形成了非洲大陆上第一个内部殖民征服，逐步排挤或吸收赤道非洲和南部非洲的土著俾格米人和科伊桑人，不断发展壮大，最终发展成为这一广大地区的主人。原始班图人为农耕部落，在迁移扩散中，吸取了尼罗特人（les Nilotiques）和库希特人（les Couchitiques）的畜牧文化，以及俾格米人和科伊桑人的渔猎文化，发展成为农牧混合经济。与此同时，在南部非洲，原始班

---

① 美国语言学家及人类学家约瑟·哈罗德·格林伯格（Joseph Harold Greenberg, 1915—2001）认为，班图诸语言不仅不能称为一个语系，甚至连一个语族都算不上，而只是尼日尔-科尔多凡语系、尼日尔-刚果语族、贝努埃-刚果语支下面的一个分支。尽管如此，有的学者鉴于班图语言的语言数目以及每个班图语言的使用人口同本语系列的语支乃至其他非洲语系相比具有明显的优势，往往把它们当作独立的语系看待。

② 正如英语和法语同属于印欧语系，但前者属日耳曼语族的西日耳曼语支，后者属于罗曼语族的罗曼语支，二者无论在语法还是句法上都存在巨大差别。

图语系也受到当地科伊桑语的影响，打破了该语言在卡拉哈里沙漠以北地区发音上的局限，使得班图语的发音得以进化。

在北非地区，使用非亚语系的群体属于优势族群。非亚语系又称亚非语系或阿非罗－亚细亚语系，旧称闪含语系或闪米特－含米特（Sémitique-Hamitic）语系，主要由柏柏尔语族（langues berbères）、乍得语族（langues tchadiques）、库希特语族（langues couchitiques）、埃及语族（langues égyptiennes）、奥摩语族（langues Omotic）和闪米特语族（langues sémitiques）六个分支组成。目前在非洲北部地区主要使用柏柏尔语和阿拉伯语，前者在北非已有数千年的历史，而后者则于公元 8 世纪前后进入北非地区，两种语言在一千多年的时间里相互影响，由此形成了颇具争议的"阿式柏柏尔语"。值得注意的是，除古代阿拉伯半岛人使用的阿拉伯语外，北非国家目前使用的"阿拉伯语"是被柏柏尔语异化了的语言，并非纯正的阿拉伯语。对于以柏柏尔族人为主的北非国家来说，虽然被称为阿拉伯民族，但绝大多数人更具有柏柏尔族的特质；而那些所谓的穆斯林"阿拉伯人"，则多是拥有土著血统的柏柏尔人后裔改信了伊斯兰教而已。尽管"阿拉伯民族"是一个有待进一步明确的文化概念，但自中世纪的阿拉伯帝国时期起，已得到"阿拉伯－穆斯林"们的公认。

在被殖民者统治之前，非洲大陆存在着众多形式多样的政治实体（或组织），小到酋长制部落，大到各种帝国。所有这些政治实体拥有几百年的共同历史，同时具有严格的等级制度、相同的生产与生活方式，更重要的是他们语言相通。譬如西非阿波美（Abomey）地区的一种黑人民族——丰族（les fons）、多哥沿岸的最大部族埃维人（les Ewes）、尼日利亚的第二大部族约鲁巴人（les Yorubas）及尼日利亚东南部操伊博语的伊博人（les Igbos）等。与欧洲的国家相比，尽管立国的根基与制度各不相同，但这些部族曾经都是一个个实实在在的独立国家，准确地说应该是民族国家。但是欧洲人则称其为"部落"或"部族"，直至1960年，法国人一直用这两个词称呼法属西非^①诸国家。正是因为如此，民族学家为摒弃"部落"一词的"殖民"色彩，他们尽量采用德语中的叫法——族群，该词融合了"民族""国家"和"种族"的意义。

如果说非洲大陆民族化的"自然"进程因奴隶贸易而被打乱的话，那么，殖民化则使这一民族化进程中断并使之复杂化。欧洲列强的殖民入侵和殖民征服导致非洲大陆原来的一些较大的酋长国、王国和帝国解体，从而使得生活在上述疆域内的居民"重新部族化"。殖民时期，统治者非常注重流动人口的管理工作，为使原著居民定居下来，他们在地图上明确标出各种"边界线"，又对边界线内的区域进行细分，最终形成面积大小不一的"小圈子"。殖民者迫使"圈子"内的人定居在此，不得随意流动，同时以部落为单位对其加以分类。

以约鲁巴民族为例，以前专指居住在奥约地区的居民，尼日利亚被英国占领后，英国人把尼日利亚西部和西南部所有使用约鲁巴语且拥有相近文化的广大区域的人全部称作约鲁巴人。然而广义的约鲁巴人却广

---

① 法属西非（法语：Afrique-Occidentale fran & ccedil，简称 AOF）指包括毛里塔尼亚、塞内加尔、尼日尔、法属苏丹（今马里）、法属几内亚（今几内亚）、科特迪瓦、上沃尔特（今布基纳法索）和达荷美（今贝宁）在内的法国殖民地，成立于1895年，1958年解体。

泛地分布在奥约（Ilorin）、伊杰布奥德（Ijebu-Ode）、伊凯雷埃基蒂（Ikere-Ekiti）等城市，分属约鲁巴帝国下属的不同王国管辖。但这些被迫形成的部落族群对白人的强权统治却极为抵触，他们更怀念过去那种真实、自然的族群生活。如同其他民族一样，他们期望重建更加美好、更加团结的部落群体。在非洲人根深蒂固的区域主义和传统主义思想影响下，部落族群的起源显得愈加神秘。

非洲各部落之间相互厮杀是 19 世纪的一大特点。在西非，许多皈依伊斯兰教的当地人成为狂热的伊斯兰教徒，这些穆斯林有强烈的"民族认同感"，为反对异教徒，并迫使更多人信奉伊斯兰教，不惜发动"圣战"或"吉哈德"（djihad，"圣战"一词在法语中的发音）。人类学家通过对非洲殖民地时期的研究，在很大程度上促成并加强了非洲各个部落族群身份认同的重建，富拉尼文化的出现就是一个极好的例子。

据人类学家与考古学家推测，富拉尼人[①]一个古老且复杂的混合民族，最初起源于撒哈拉沙漠西端的某个名门望族，由于沙漠不断扩张，迫使原始富拉尼人往南部的塞内加尔流域及其南方的富塔贾隆高原（Le Fouta-Djalon）迁移。11 世纪，富拉尼人在控制苏丹尼格罗人（les Négros）后，散居于其中，随后柏柏尔人南下进入富拉尼人地区，出现了复杂的民族同化或融合现象。自 12 世纪开始，富拉尼人出现分化：少部分留居故地，大部分分为两支迁移扩散。南下支系于 16 世纪到达富塔贾隆高原，沿途散居于冈比亚、几内亚比绍和几内亚境内，成为当地居

---

① 富拉尼人，又称菲拉尼人、富拉人、富尔人、颇尔人、富尔贝人等，为非洲第四大族群，仅次于埃及人、豪萨人和阿尔及利亚人。

民；东进支系于 14 世纪到达马里的基塔（Kita）后，又穿过布基纳法索、尼日尔两国，于 15 世纪到达尼日利亚北部的豪萨地区。18 世纪，一支富拉尼人抵达喀麦隆高原，聚居于阿达马瓦地区（l'Adamaoua），尔后扩散至乍得以及喀麦隆的东南部。19 世纪时期，富拉尼人的扩张达到顶峰，广泛分布在西非和中非广大地区：东达乍得湖，南及喀麦隆高原，西临大西洋，北至萨赫勒地区。

富拉尼人最初为游牧民族，经过几个世纪的迁徙，社会经济发生了深刻变化。在扩散过程中与当地各族杂居混合，形成几个较大的聚居区，但多数已融于其他民族之中，失去其本族语言，放弃游牧生活，改营农业、手工业或商业。同时，随着 18 世纪欧洲人的到来，富拉尼人同来自欧洲的旅行者以及人类学家相互交融，逐渐形成了别具一格的"富拉尼文化"。19 世纪，西非的富拉尼人与南下的穆斯林柏柏尔人深度融合，并在豪萨城邦建立伊斯兰教国家——索科托苏丹国，自此大部分富拉尼人逐渐皈依伊斯兰教，形成坚强的穆斯林群体[1]。

由此可见，一方面，非洲本土人有着强烈的民族认同诉求；另一方面，殖民者为便于管理而对非洲人以地区为单位刻意分类，最终形成或"创造"了非洲当前的各个部族。非洲大陆国家形成的特殊性，反映在国家的民

---

① 关于富拉尼人的民族来源，莫衷一是。而有关富拉尼族的伊斯兰起源，则是其最为传统的起源说。亦有学者根据部分富拉尼人的肤色，认为富拉尼人是古希伯来人的后代。事实上，历史上的富拉尼人不断迁徙扩张，出现了复杂的民族同化或融合现象。参见：安娜·庞多普罗. 法国人和富拉尼人：一种特殊的关系史 [M]. 巴黎：学术印度出版社，2008 年。（Anna Pondopoulo. *Les Franais et les Peuls, histoire d'une relation privilégiée.* Paris：Les Indes savantes, 2008.）

族结构上，绝大多数国家系多族体或复合族体国家，即在一国之内并存着两个以上的民族共同体。这一由殖民化所人为造成的后果，到了非洲国家独立后便成为一种既存的客观现实。

20世纪50年代，随着非洲各国的独立，采用全民普选的选举制度，但几乎所有的被选举人都希望能够回原籍参选。在参与竞选的过程中，候选人总会喋喋不休地向选民表忠心："我来自你们所在的地区，我和你们同族。"由此，在国家内部不同族群间形成了根深蒂固的"部族意识或部族主义"。非洲国家内部的各个族群规模大小不等，其对政治、经济资源的掌控程度亦不尽相同，这种差异必然会反映到族际关系中，进而导致不同族群间的利益摩擦，由此产生的对抗情绪甚至部族矛盾，无论发生在哪一个层面，都将对整个族际关系产生重大影响。

在有些非洲国家，部族与部族、部族与国家之间的利益摩擦虽未演变为部族分离主义运动，但是各个部族为维系其既得权益或为攫取更多的潜在利益的明争暗斗却不曾止息过，它们都试图控制国家机器，以便实现本部族利益的最大化。在一些国家，甚至为此发生了大规模的流血冲突和旷日持久的内战。如在乍得和苏丹，北方游牧部族与南方农耕部族之间的"南北战争"；在卢旺达和布隆迪，胡图族同图亚族之间发生的部族仇杀；此外在安哥拉、莫桑比克、埃塞俄比亚、利比里亚、索马里等国发生的内战也都程度不同地潜含有部族主义因素。在更多的非洲国家，虽未发生类似于1994年卢旺达种族大屠杀的悲剧，但部族矛盾和族际关系也十分尖锐和紧张。

但倘若把非洲部族之间的矛盾称作"民族斗争"，明显是错误的。

正如上文所述，所有构成部族矛盾的最主要的原因都是为了争权夺地。譬如，要弄清卢旺达或科特迪瓦两国的部族内战，就非常有必要了解他们的近现代史，因为他们都是为了政治权利和土地归属而战，而非为了民族秩序和民族尊严而战。欧洲人之所以把非洲国家的部族战争称为民族战争，主要是他们受到"欧洲中心论"的影响，从旁观者的角度去看待非洲现存问题。但这一切并非意味着非洲没有自己的民族，当今非洲人的地域主义观念比以往任何时候都要强烈。当前，非洲人正基于其璀璨的历史文化遗产，重建自己的民族认同感与民族归属感。

第四章

社会结构的变迁

几千年以来，非洲一直是人类的摇篮，而且是以牺牲自己为代价来促进整个人类在经济和技术上取得长足发展的摇篮。非洲人在几千年前便会制造劳动工具，并用自己制造的工具获取这片土地赐予他们的优质资源，创造了曾经举世瞩目的辉煌。当看到非洲农村社会近几个世纪以来生活必需物质条件一直匮乏的状态时，我们不妨想一想中世纪的地中海欧洲也历经兴衰、拜占庭文明的兴替以及古希腊奇迹的荣枯，这样就知道不能以任何方式来诋毁非洲的原因了。

近几百年，人们把科技革命的飞速发展，归功于人类能够把中国人、犹太人、阿拉伯人和欧洲人的创造发明巧妙结合。然而这种科技革命却很晚才传到撒哈拉沙漠以南的非洲地区，甚至晚于同为殖民地的印度。令人欣慰的是，与北美洲印第安人和澳大利亚纯种土著相比，非洲人不仅未被殖民者全部灭绝或完全同化、吸收，而且非洲原住民文化仍灿若繁星。那么，欧洲人在推动印度后殖民时代的发展后，为何没有通过经济投资等行为促进非洲的经济发展呢？非洲人曾经通过重商主义①和长途贸易聚集起来的财富轻易地土崩瓦解后，为什么不以从事生产性活动来替代呢？我提出这两个问题，并不意味着我陷入了"非洲悲观主义"情结中，而是希望通过这些令人痛心的问题，让包括非洲国家在内的所有社会学家，以及所有试图回答这两个问题的人勇于正视非洲的过去。

　　人们最经常问及的一个问题：曾经为人类创造无数宝贵财富、提供大量矿产资源的非洲大陆，现在为什么一蹶不振且远远落后于其他国家和地区呢？诚然，正如我们所见，非洲大陆的经济发展水平极其不平衡，主要是由许多相互关联的内因和外因同时导致的，这些原因最终促使人们去研究其漫长的社会历史。

　　通过人类学家的长期研究，非洲人喜欢参与以习惯、传统和亲属联系为基础的集体活动，而不是以命令组织的政治性集体活动，其社会结构的传统亦与此相关，而且在非洲历史的演变过程中发挥了重要作用。既然埃及模式和埃塞俄比亚模式曾取得了成功，为什么撒哈拉沙漠以南的非洲地区不采用他们的模式呢？是因为土壤贫瘠，还是因人口稀少而没有足够的劳动力去从事生产活动？还是因热带河道沿岸盘尾丝虫病泛

---

①　重商主义亦称作"商业本位"，最初由法国著名政治活动家米拉波（Honore-Gabriel de Mirabeau, 1715—1789）提出，随后由亚当·斯密（Adam Smith, 1723—1790）在《国民财富的性质和原因的研究》（即《国富论》）中推广开来。其核心是"贸易为本"，即通过贸易积聚财富，资产增值主要是通过资产的买卖而非生产、服务的经营手段增加的。

滥，而无法效仿尼罗河流域的灌溉模式？

事实上，同所有前工业社会国家一样，除严重的生态危机外，非洲自中世纪时期（476—1453 年）开始，优先在人烟稀少的地区采取一定措施，试图恢复社会经济结构的相对平衡，因此该时期尚未出现严重的土地危机。由此可见，并非如同欧洲人类学家所推测的那样，非洲一直处于故步自封的状态（时至今日，我们的萨科奇先生仍这样认为）。当然，由于受自然条件的限制，前工业化时期的农村社会发展活力相当有限，所以在机械化时代到来之前，世界各地的农村社会组织结构都相对稳定。16 世纪随着欧洲殖民者开始入侵非洲某些地区（如莫桑比克和安哥拉海岸），以及 18 世纪时期欧洲各类教会组织派遣传教士进入非洲活动（尤其是在南部非洲），非洲大陆这种相对稳定的农村社会结构被逐渐瓦解。

农村社会赖以生存的经济基础

只要能维持非洲大陆农村社会赖以生存的经济基础，原先相对平衡的状态就可能会持续下去。虽然非洲农村社会的耕作技术日趋专业化，但是拥有最基本的生产资料并掌握一定的生产技术对于每个家庭来讲仍至关重要——每个人都可以拥有自己的劳动工具，每个人都能够耕其田、种其地。从严格意义上讲，在非洲农村是不存在私人拥有土地的，或者说他们没有土地私有制的概念①。在非洲人眼里，土地是上天的恩赐，通过在土地上耕种、放牧、狩猎和采集食物来供人类生存，因此土地应该专属专用。直至欧洲侵略者入侵之前，很多部落默认的土地归属方式依然是，谁

① 在西方，该政策由罗马法律明确规定，最早出现的形式是奴隶主土地所有制。

（部落）先发现，谁就拥有支配这块土地的各种权利，根本就不存在土地买卖的现象。

与政治领导人（一般由殖民者任命）不同的是，某片土地所属部落的酋长凭借个人魅力，更多发挥的是宗教作用，而非土地所有者（类似奴隶主或地主）的作用。各部落酋长根据部落内部每个家庭成员的多少以及等级地位，对土地进行调节分配，但没有权利因个人目的支配土地。在欧洲殖民者首次接触到非洲部落酋长时，他们或多或少地认为部落酋长才是每片土地的事实拥有者。比如，阿散蒂人①（les Achanti）经营的可可园，可以为他们带来巨大利润。由于传统阿散蒂人的传统社会结构是母系氏族社会，其特点是实行原始共产制与平均分配劳动产品，因此土地的生产率低下。英国占领者为改变这种状况，鼓励他们采用父系氏族的社会结构，以提高并增强土地的生产率，从而为殖民者带来更大的利润。1900 年，英国与布干达王国②（royaume Baganda）签订条约，明确其地位相当于乌干达保护国的一个省，在布干达设置省级行政长官，主管土地使用及分配工作。

在此之前，非洲几乎所有的部落全部过着自给自足的生活。在中非和东非地区的部落，部落首领一夫多妻现象很常见，而且每个妻子都有属于自己的土地。这也就能说明，在非洲各国独立之初，为什么某些专制国家对一些村庄进行人为划分，譬如在埃塞俄比亚、坦桑尼亚和莫桑比克等国家均出现了这种情况。事实上，这种想法本身并无不当之处，

---

① 阿散蒂人是生活在加纳的一个民族，属于阿肯人（les Akans）的分支。

② 布干达王国由生活在东非地区的干达人（Les Ganda）创建，位于乌干达境内。

因为其体现了对农业进行现代化大生产的愿望。但由于具体实施者带有抵触心理，而且缺乏详细规划，反而给当地民众和生态环境带来了灾难性后果。

在非洲热带雨林国家，每个村庄的人口极少会超过 100 人；而在西非的草原地带，部落酋长的妻妾们几代同堂，他们的村庄或部落均非常庞大。当前，非洲农村最常见的情况是，有着共同祖先但谱系不同的一些部落，如果其后代相互交往较多，一般都会相邻而居，并且相互建立各种联系。由于田地相邻，气候相近，这些家庭在一起更多是为了共同生存，而非共同生产。每个家庭均构成一个生产和消费的中心，然而苦于缺乏盈余，各个部落和家庭之间即使存在商业贸易关系，但其贸易额和贸易量却极为有限。以西非为例，即使在市场密集、交往频繁的地区或城市，人们也不愿意来此买卖商品，而是采用易物的方式进行交易。比如，用一些木材换一只鸡等。邻居之间易物的时候，也是他们之间进行各种交流的绝佳机会：首先是社会交流——人们听到各种见闻或相互交谈，抑或保媒拉线；其次是政治交流——各部落首领们在此拉拢村民、让邻村的酋长见识自己的权威等。总之，无论是地区性的商业中心，还是村镇之间的集贸市场，都是各部落之间进行社会交流与经济交往的理想场所。

除个别实力雄厚的大型部落外，受土地贫瘠、生产力低下的影响，大部分部落和家庭可供进行商品化交流的盈余物资仍然有限。从这个层面上看，非洲农村社会的劳动生产，最多只能实现自给自足，而无法满足贸易交流的需要。尽管在非洲历史上不同时期、不同社会阶段均存在农村生产模式,但同西方国家重商主义的生产方式①却有着本质上的区别。前者不以商品交流为目的,其最直接、最具体的目标即商品的使用价值,而且该目标是整个非洲的社会生产活动的核心目标,任何一件物品、任何一个想法都是通过其使用价值来体现的。一件无异于他物的物品(如某些类型的布匹、黄金、象牙等),在商业价值至上的欧洲人眼里,在不考虑该物品成本价值的情况下,其珍稀程度、产地的远近以及名贵程度均决定着该物品的商业价值。

当然,世界万物,能够满足人的某种需要的,都具有一定的使用价值,所以使用价值是物的自然属性,体现了人与自然的关系。而价值是物的社会属性,体现了人与人的关系。普通物品成为商品的前提是存在社会需求,比如食物、工具、衣物,乃至艺术品、收藏品、知识以及信仰等。事实上,使用价值体现的是物品最基本的自然属性。受到自然力量的感召,人类用宗教的形式阐释世界:即使在物质条件最悲惨的境况下,人的需求也不能仅仅体现在生理方面,而应该同时体现在思想层面和社会层面,亦即需求源于社会,同时应回归社会。换而言之,生产关系不能只停留在财产或利益层面的法律概念上,而是在生产过程中,把这种关系上升到政治层面和社会层面。

如上所述,非洲农村的生产模式似乎确实存在落后的现象,而且地区不同,农村的生产模式与产品贸易的种类也有所不同:热带气候地区主要交易的商品是木薯和大米,苏丹地区则是小米,甚至在殖民统治时期,

① 重商主义认为,包括劳动力在内的一切商品都可以进行自由买卖,主张政府应该控制国家的经济,以便损害和削弱对手的实力,增强本国的实力。

非洲各地也有各种农作物用于商品交易，比如塞内加尔和尼日尔的花生、尼日利亚和达荷美沿岸的棕榈油、莫桑比克的腰果以及其他地方出产的咖啡和可可，这种情形一直持续了多年。当然，非洲农村的生产技术仍然落后，而且农民使用的生产劳动工具也不能与时俱进。时常会看到他们三五成群地聚集在水井周围或即将干涸的河岸边取水，或在乡间小路上头顶一盆水或一捆木柴。然而，非洲农民无论如何忠于自己的信念，如何忠于自己祖先传承下来的风俗习惯，最终都会通过出口其经济作物而融入到经济全球化的浪潮中来。

事实上，倘若要在农村生存下去，农民们不得不卷入到"经济贸易"中——他们为购买日常生活必需品，只能通过出售自己种植的农产品来换钱。但为了获得更大的收益，他们逐渐放弃种植收益较低的农作物。一个典型的例子就是塞内加尔穆里德兄弟会① (la confrérie des Mourides) 的种植者，他们通过种植并贩卖花生，为该组织提供资金支持。在塞内加尔被殖民时期，该组织曾经被法国殖民者控制。后来随着国际上花生行情的下跌，穆里德兄弟会的成员们不得不转投他行，通过把其成员派往世界各地，尤其是到欧美国家考察后，该组织开始制作具有非洲特色的小工艺品，进而使其小工艺品在欧美国家乃至亚洲地区畅销。

---

① "兄弟会"是颇具非洲特色的伊斯兰教组织，主要在塞内加尔和冈比亚两国活动。而穆里德兄弟会则是由一个虔诚的伊斯兰教徒艾哈迈多·班巴（Amadou Bamba，1853—1927）创立，其所有的资金都来源于种植花生所取得的收入，他还赢得了众多的追随者以及伊斯兰教隐士门徒的信任，所以在20世纪初期受到殖民当局的关注。他的继任者继承种植花生的传统，把教会不断发扬光大。今天，穆里德兄弟会的收益方式日益多样化，其经营范围涉及房地产和国际贸易。

而如今，非洲农民尽管身居农村，但他们仍与城市保持着千丝万缕的联系。他们通过报纸、广播等渠道，了解国际新闻与市场动态。近年来，随着手机、电视以及电脑的普及，非洲的中产阶级和大资产阶级可以更加便利地与世界接轨。同时，伴随着科技的进步与技术的革新，前现代农业的框架已经不复存在。现代化农业社会结构的构建，使土壤贫瘠、人口稀少和宗族社会之间的关系处于相对稳定的状态。不过，由于这种脆弱的平衡状态极可能因自然灾害导致的青黄不接现象以及人口呈爆炸式增长而被打破，因此不能对其过度美化。另外，战争、人口过剩等因素引起的资源短缺，亦在很大程度上局限了现代农业社会的构建。我们可以想象一下，殖民者在此背景下造成的悲剧，即使是最优秀的现代农业技术服务人员也无法补救[1]，这是何等的悲哀？

社会自我调节是系统内部稳定的基础。非洲现行土地制度旨在防止各个部落因劳动力短缺而导致大部分土地掌握在少数特权阶级手中，首先从制度上规定土地使用权归集体所有，避免了土地私有制的出现。但即便如此，农民们每季的粮食在收获之后仍鲜有盈余，基本上只能维持人们的温饱需求以及为下一季播种留下种子，由此可以说明，非洲农村的经济体制很难养活非生产性经济活动。即使是那些实力雄厚的大型部落依然须实行这一经济体制，唯一的不同之处在于他们控制的农场土地远大于其他部落，而且全部由大量成年妇女、家奴和奴隶耕种。

---

[1] 更多详情，请参阅：凯瑟琳·科克里-维德罗维什. 亚撒哈拉地区：历史的延续与中断（再版）[M]. 巴黎：拉马丹出版社，1992 年（1983 年第一版）。[Catherine Coquery-Vidrovitch. *Afrique noire. Permanences et ruptures*, Paris：L'Harmattan, 1992（Payot, 1983）.]

在殖民时期，极具殖民色彩的各项政策以及一些内在因素打破了农村这种原本脆弱的稳定和平衡。首先是19世纪与20世纪之交，比属刚果与法属刚果盲目地把土地流转出让给欧洲殖民者，导致大批农民失去田地。其次是从农村强行招募伐木工、卡车司机和挖掘工人，造成大量青壮年劳动力外流，留下的老人、妇女和儿童无法从事繁重的田间劳动。再次是自20世纪30年代起，尤其是第二次世界大战之后，有限的土地已难以供养急剧增长的非洲人口。最后，盲目追求种植高收益的经济作物，而忽视基本粮食作物的生产，导致两者之间的发展严重失衡。针对以上问题，非洲农村社会尽可能采取一些较温和的措施加以应对。在农村经济发展方面，确保维持每个家庭的基本口粮供给是首要目标。无论出现任何事情，每一代人在考虑扩大还是缩小粮食种植规模的时候，都应优先考虑每个部落的人口总量以及劳动力数量，这是维持人们生存的底线，也是他们崇尚祖先崇拜的主要原因。

在非洲，祖先被认为是世界万物的保护神。他们的祖先作为超自然的存在，在无形之中保护着自然万物。所以除基督教和伊斯兰教外，非洲人信仰的传统宗教就如同他们的语言、文化与民族一样，种类繁多，几乎每个民族都有自己的祖先和崇拜物、保护神，同时也有着与众不同的宗教仪式、祈祷方式和祭祀仪式。

以多贡人（les Dogons）为例，他们把自己的社会组织及文化同创世神话联系起来，其玄学的思想体系要比绝大多数其他非洲民族更为抽象。而传统的祖鲁人（les Zoulous）宗教实行的是祖先崇拜，同时也信仰创世神和男巫、女巫，因此乍一看，多贡人与祖鲁人的宗教传统截然不同。但事实上，他们的基本特征很相近：每个非洲民族往往信奉很多的神祇，这些神祇都互有血亲关系，但只有一个至高之神。至高之神被认为是天地万物的创造者，往往与部落起源的神话有关，或被认为是部落祖先的创造者，因此对神祇的信奉有时和敬拜部落祖先结合在一起。与欧洲人信奉的一神论（伊斯兰教或基督教）相比，只要是非洲人认为有灵性的东西，他们都可供奉起来敬拜，这就是非洲文明为什么会呈现出多元化特点的原因。

毫无平等可言的社会结构

　　如同在世界其他地区一样，非洲社会也不平等，通常可以分为两个阶层：一个是生活在中非热带雨林地带的原始部落，另一个是生活在撒哈拉沙漠和萨赫勒边界游荡的牧民、北非地区的图阿雷格部落（les Touaregs）、富拉尼人和沃洛夫人（les Wolofs）以及南部非洲的茨瓦纳人（les Tswanas），他们被称作贵族社会。非洲各个原始部落都别具风情，尽管曾经被西方人极度歧视，但现在却有众多人种学家为此着迷，他们甚至把那些"乡村社区"描绘成人类的世外桃源、一种原始的乌托邦世界。

　　但事实并非如此。首先，非洲各原始部落强弱不一。根据血统划分，有些部落源自原始的奴隶家庭，譬如，生活在丛林中的俾格米族猎人部落曾经就是其他农耕部落的奴隶，他们的任务就是向后者供应肉食。其次，即使在同一部落内部，在各种规则框架下的人与人之间也存在等级划分。近代科学出现之前的非洲部落内部，因知识、经验、年龄等方面的差异，人与人之间仍会有老少长幼和尊卑之分。即使在今天，礼仪方面的一个基本常识就是年幼者应当尊重年长者，年幼者不仅不能直呼年长者的姓名，甚至不能直视年长者的眼睛。再次，人的资历深浅与社会地位的高低也有一定关系，一个大家庭的成员不仅包括诸如妻子孩子、侄子侄女、孙子孙女等血缘关系的成员，还包括一系列处于从属地位的成员，如质子①、邻近宗族之间的交换人员、较低社会地位的家仆、种姓以外的人，等等。其中作为家庭成员的奴隶是世代相传的，只要生于奴隶家庭，便终生为奴，世世代代承袭下去。

---

① 主要是敌对部落的首长或首领将自己的妻儿等近亲家属送到其他部落去，从战略上形成一种妥协，一般多见于小部落对大部落的臣服。

种姓制度与奴隶制度

　　事实上，种姓制度就是一种根据血统决定社会地位的制度，它以统治阶层为中心，划分出许多以职业为基础的内婚制群体，即种姓。各种姓依照所居地区不同而划分成许多次种姓，这些次种姓内部再依所居部落不同分成许多部落种姓。种姓制度在非洲热带雨林国家并不多见，而常见于萨赫勒地区以及塞内加尔和冈比亚等国的农民阶层。非洲种姓制度只针对有自由之身的人而言，该制度规定只有种姓内的人群才能相互通婚，即任一种姓不能同其他种姓通婚，而且世代相传。

　　非洲种姓制度大多以职业来划分，因此对从事不同行业的手工业者是极不公平的。例如，铁匠、织布工、鞋匠、皮革工人、陶工以及歌舞艺人等。作为贵族家庭专属的手工匠人，都属于同族通婚的职业群体，其职业身份父传子、母传女，薪火相传，世代承袭。如同印度的种姓制度一样，非洲的种姓制度由来已久，因此很难被打破或废除，而且在一定程度上还会对政治生活产生影响。20 世纪 50 年代，法属西非的塞内加尔铁路工人[①]意欲通过军事手段，迫使塞内加尔当局打破种姓制度的樊篱，希望其他行业的种姓能够进入政府部门任职，但时至今日，这种状况仍未得到实质性的解决[②]。

至于奴隶制度，研究人员经过多年研究发现，严格意义上讲，世界上存在两种类型的奴隶。一种是来源于战俘、被占领地区的原住民以及有奴隶血统的后代，另一种是从非洲等地方拐卖或贩卖到美洲、欧洲及其他国家奴隶市场的人。在近现代以前，非洲的奴隶制度即已被世人所熟知。无论那些带有明显奴役倾向的部落首领怎么解释澄清，被他们"圈养"并奴役的奴隶并不比被贩卖到异国他乡的奴隶好到哪儿去。当然，世界各地的奴隶主都有"好"与"坏"之分。至少自 16 世纪起，国家的出现在一定程度上减少了奴隶制度的存在范围，但时至 19 世纪前，由于农作物出口发展的需要，在非洲仍存在一些奴隶种植园。

---

① 在塞内加尔，几乎所有的工人阶层都是铁路工人种姓；而位于首都达喀尔的政府部门工作人员则全部拥有政治阶层的种姓。

② 阿马杜-马赫塔尔·姆博（Amadou-Mahtar M'Bow，1921—），历任塞内加尔政府内阁成员。他曾作为反对党参加市政选举的时候，反对者在其家门口挂了一只破鞋子，以此表明他的家庭属于鞋匠的种姓。于是，他在 1966 年放弃了国内政府部门职务，开启了他的国际职业生涯，随后担任联合国教科文组织总干事一职 13 年之久（1974—1987）。

另外，非洲各部落之间无休止的战争，导致许多人沦为战俘，从而成为奴隶的主要来源。这些人在战争中被俘为奴后，便失去了一切权利，甚至不能成为士兵。因为各部落首领的军队成员一般由享有特权的贵族组成，而且一个出身良好的奴隶甚至可以赎身。在战争中取得胜利的一方会对整个战败者的村子进行搜刮，除了掳走部落中他们最喜爱的女性之外，还会掠走所有他们认为有价值的物品。对于那些出身非常贫贱的奴隶，他们的亲属也无法凑齐足够的赎金为其赎身。奴隶主如果愿意的话，也可以把自己的奴隶转售给其他有需要的奴隶主。倘若某个奴隶被驱逐出本部落，除非他到其他部落寻求庇护，而且还能被其他部落接受为奴，否则他是没有任何地方能够申诉的。[①]

当然，非洲的奴隶与美国南方棉花种植园中的奴隶有所不同。因此有必要对"奴隶"一词加以界定。非洲的奴隶是无源可循的"外族人"，其祖先多为对宗教不忠的异类分子。由于并非所有的外族人生来即为奴隶，而且在许多古老的非洲部落中，自由只是一个相对的概念。因此非洲的奴隶要么是世世代代为奴，要么是因各种原因正在沦为奴隶。鉴于女性奴隶比男性奴隶更加难以恢复自由之身，所以非洲大多数奴隶为女性。而男性奴隶即使恢复了自由之身，但其子女却永远被认为是奴隶的后代，主要是因为他们的祖先是奴隶。时至今日，在塞内加尔，人们仍可通过一个人的姓名来猜测其祖先到底是奴隶、士兵还是一个自由人。

贵族阶层中的社会等级制度非常突出，尤以畜牧业占主导地位的民

---

① 参见：哈里斯·梅梅尔-佛泰. 象牙森林里的奴隶社会（17—20 世纪）[M]. 巴黎：发展研究出版社, 2007 年。

族显得更加普遍。例如，在萨赫勒地带国家以及分布在尼日尔、马里、阿尔及利亚、利比亚等国的图阿雷格人部落，作为沙漠骑手哈拉廷人（les Haratins）实际上就是被束缚在沙漠绿洲中土地上的农奴，不得享有自由民的权利，他们在社会上和种族上构成一个独特的劳工阶级。南方的哈拉廷人主要从事看管牲畜工作或在棕榈林中工作，移居北方的人则受雇于田地上做着低贱的工作。这种不平等性不仅体现在不同血统的部落之间，而且同样出现在部落内部。在每个部落内部，酋长及其家室属于社会地位较高的贵族阶层，有大量家仆和奴隶为他们提供服务。

在从上到下的各个社会阶层中，首要问题仍然是生存问题，因此贵族阶层与平民一样，首先必须都得从事劳动生产。唯一不同的是对劳动产品的分配问题，平民阶层在得到劳动产品后，必须向其主人纳贡。这种旧社会的不平等现象一直持续到殖民时期，并被殖民者"继承"并"发扬光大"。其中很好的一个例子就是，比利时殖民统治者在 1940 年决定为卢旺达所有的图西族人（les Tutsis）注册登记"合法"的身份，但是需要用 10 头牲畜作为交换①。由此开始，当地一些在殖民时期受过良好教育的图西族历史学家，也想通过大力宣传，试图让人们相信图西族人拥有神秘的贵族血统。

欧洲人曾经基于所谓的制度和立法，提出了有关白人种族主义和黑人种族主义的"跨种族"报告。时至今日，所有这一切促使人们弄清这

---

① 这里提到的图西族人身份证明登记的制度，布隆迪在 1962 年独立之后便已废除。但该制度在卢旺达一直持续到 1994 年，这也是在 1994 年卢旺达种族大屠杀期间，很多图西族人"失去"合法身份的原因。

个长期被人忽视的事实。这种如此颇具深意的继承，促使人们倾向于站在中立的角度，初步分析部落内部不平等的可能性。如同在世界其他地方一样，非洲社会不仅存在阶级分化，而且存在不同阶级之间禁止往来甚至不同种族之间禁止通婚的制度。许多部落中的种族主义化现象，是一种经济现象。非洲社会经历的身份差异和各种形式的种族主义，并非由肤色引起的，而是长期积累的偏见所致。譬如，在不同的地方和不同的情况下，部落首领、学者、穆斯林都属于"文明"阶层，而外族人、异教徒、处于从属地位的人则被归于"野蛮人"的行列。

从这个角度来看，能够提供最基本生物学解释的种族或谱系的概念，仅仅只是用于转移普通大众关注焦点的代名词而已。所谓的"种族报告"，通常掩以同族才能通婚的面纱，同样存在于拥有相同血统的种族内。当前非洲人集体认同的缺失，既不是全部由殖民者造成的，也不是对古老历史传统的继承。例如，在苏丹和桑给巴尔，人们既不可能通过肤色，也不可能通过宗教信仰来确定自己到底是阿拉伯人还是非洲人；在卢旺达和布隆迪，图西族人和胡图族人也不可能通过语言和文化来区分自己的身份。

不论在非洲还是在其他地方，每一代人思考"自我"和"他者"的方式在逐渐发生变化，通常在继承前人思维的基础上，融入当代人的想法。诸如对祖先曾经遭受其他部族奴役的历史记忆，会使人们无限扩大对现实的巨大恐惧感，从而转变自己受害者的身份，产生暴力冲突，有时会导致种族大屠杀，乃至种族灭绝。正是这种持续不断的暴力冲突，成为引发民族仇恨的导火索。几乎在所有的种族冲突中，绝对不能忽视殖民者的作用，他们往往在种族冲突前扮演着催化剂的角色；当冲突一旦发生之后，他们又会充当和事佬，从中进行调停。而在殖民者到来之前以及殖民者撤出之后的非洲，各部落拥有领地内绝对支配权的酋长和学识渊博且德高望重的族人，则在各种冲突中起决定性作用。

女性的重要作用

在非洲的原始部落中，如果部落首领足够强大，则可以娶许多妻子。无论在哪个气候带，无论是伊斯兰教徒还是"万物有灵论"者（信奉原始宗教的人），妇女们在非洲的社会结构中均扮演着非常重要的角色。

这些原始部落中，所有的生产劳动是根据性别进行分工的。除特殊情况外，男性需要承担较重的生产劳动[①]、参加战争、搭建帐篷、建造房屋[②]、狩猎、捕鱼以及从政等；而女性则负责粮食从播种到收获的所有事务，当然还负责生育（非洲女性平均每三年生一个孩子）和养育孩子。非洲妇女通常带着她们的孩子

[①] 如砍伐树木等，一般不负责耕种土地的工作。

[②] 在南部非洲，建造房屋的任务一般由女性负责。

与自己的丈夫分开居住，因此享有一定的自主权。这些居住在一起的妇女们过着集体生活，她们聚在一起工作、生活、消遣娱乐，但在聚居的妇女中也存在等级关系，往往由丈夫的母亲统领自己的妻子（们），而且第一任妻子比后任妻子权力更大、地位更高。

在权力分配方面，男性拥有统领、支配整个部族的一切权力，而妇女们行使的权力却只能针对女性群体。在非洲部落社会中，男尊女卑的思想处处存在，即使在母系氏族社会，也只是保证了妇女在家庭中的自主权而已。这主要是由血统决定的，因为每个妇女生育的孩子必须归属女性所在的氏族，倘若妇女被男人抛弃或者是离婚后，所有的孩子必须由母亲抚养，父亲无须承担任何责任。离婚后的妇女为养家糊口所获得的食物，都被送回她自己所在的家族而非其以前的丈夫那里。

正是因为如此，各部落在传承财产和职位的时候，不是父传子，而是传给其姐姐或妹妹的儿子，即舅舅传外甥，换言之，继承权是由妇女决定的。由此可见，纵然非洲妇女不能拥有权力，但是她们却拥有为家族传承权力的能力，这种"酋长妈妈"的特权在非洲发挥了很重要的作用。鉴于在部落内，每一代都有大量的男童女童需要抚养，而且很多已经成年，并牵扯到不同谱系，因此选择继承人的过程纷繁复杂，由此也引起各种纷争与冲突。后来殖民者为便于直接投资，避免财产纷争，各大部落在殖民当局的推动下逐渐实行父系继承。

与一神教的婚姻相似，非洲部落的婚姻不是一种圣礼，而是政治、经济和社会层面的一种契约。婚后，妇女的价值取决于其生育力和劳动能力。同其他农业社会一样，妇女们以多生孩子为荣耀，但受宗教及重男轻女思想的影响，男婴比女婴更受重视。然而，非洲妇女的境况往往比亚洲女性要好很多。与印度不同的是，在非洲生一个女孩，不仅不是一场灾难，而是财富的象征。许多非洲家庭认为，女性是人丁兴旺的希望、家族繁衍生息的保证。一位非洲妇女每年可以耕种 2.5 公顷田地（借助最原始的锄头作为工具，而非机械化操作），因此拥有更多的女性，就意味着拥有更多的田地和子孙后代，也就标志着该家族将更加强大，这也是男性在迎娶新娘时，必须要送聘礼的原因。

农村妇女的工作很艰辛，因此非洲男性需要迎娶多个妻子来共同分担繁重的生产劳动。然而这也同样受到社会阶级的限制，普通的平民百姓是没有能力迎娶两个以上的妻子的。在殖民时期，那些以种植可可和咖啡致富的地区，其生存成本也不断飙升，如果年轻人的家庭无力支付聘金，未来的准丈夫需要通过在新娘娘家额外地劳动加以补偿。以生活在尼日利亚东南部的伊博族人（les Igbos）为例，在迎娶自己的新娘之前，必须自愿成为未来的岳母的农奴，接受她近乎残酷的剥削。当然，非洲男人也可以进城为白人打工，以赚取聘礼钱。作为新娘嫁妆的手镯、铜质托盘以及奶牛，全部按市场行情明码标价，这种现象也反映在英语词汇中——由"彩礼"演变为"聘金"。尤其在中非国家，妻子成为一种财产，男人可以把自己的妻子送给自己的拜把兄弟，甚至是有血缘关系的兄弟①。

非洲部落酋长的一夫多妻制度，是部落首领进行政治统治的工具。

---

① 前一章节也提道，正是这种"循环使用"非洲妇女的现象，成为非洲性病泛滥的一个主要因素。

19世纪，布干达王国卡巴卡王朝（Kabaka du Buganda）时期的国王穆提萨（Muteesa Ier）曾拥有三四百个妻子；20世纪初，喀麦隆巴姆穆族（les Bamouns）国王恩乔伊（Njoy）拥有1200个老婆，为其生育350个子女，至其去世时仍有163个孩子尚存；20世纪中叶，比属刚果的库巴王国（Royaume de Kuba）国王拥有600个妻子。

然而，女性性别的劣势并没有促使她们团结起来争取更多的共同利益。与之相反的是，妇女们论资排辈现象盛行，年长的妇女只希望统治更多其他年轻女性，而有着共同血缘的同族男性，也会把各种工作丢给年轻女性去做。对于年轻女性（包括女儿、年轻的妻妾和女奴隶）来讲，先接受丈夫的母亲领导，在丈夫的母亲去世之后，由丈夫的第一任妻子代为行使领导权。上至国家层面，下至每个小家庭，均存在这种不平等的人际关系。

倘若某个妇女出生于贵族家庭，那么她就只需要监视其仆人或奴隶工作即可，而无须自己亲自动手劳作。一些部落首领往往抓住殖民当局的创新机遇，让自己所有的妻妾全部投身于咖啡种植园或可可种植园劳动，以获得更大收益。无论在热带雨林还是热带大草原，无论是国家层面还是在各个部落之中，无论是农业种植者还是畜牧养殖者，所有妇女的处境和工作方式都是一样。在非洲，鲜见男人在田间地头劳作，尤其是在颇具地方特色的西非国家。正如生活在肯尼亚的卢欧人（les Luo）谚语所说："男人优于女人，如同畜牧业优于农业一样（意为没有任何原因和理由）。"对于畜牧业来说，年轻男人负责看守畜群，妇女们则负责洗衣、做饭、挤牛奶以及做黄油等家务活。

在整个撒哈拉沙漠以南非洲，除斯瓦希里东海岸外，只有萨赫勒地带的赛奴富族（les Sénoufos）和豪萨族（les Hausa）的男人才会走向田间地头干农活，主要原因是这两个民族的女性白天不能外出，只能在夜间出行或过隐居生活。而贝宁的丰族女性一般都从商，或是从事工匠、陶工及染工等工作，男性多为伐木工，因此即便没有明文规定，女性在地里干农活也是难以被人接受的。

第五章

现代化历史进程中的撒哈拉以南非洲

非洲对世界历史的贡献完全不亚于其他各洲。但每当谈起非洲历史，人们往往习惯性地把目光聚集在其遗失的过去，而忽视了它对历史的贡献。实事求是地讲，非洲一直处于世界文化的中心。非洲的文明史可以追溯到公元前 4000 多年之前，历史上的非洲人，除因各种原因被迫撤离非洲大陆外，他们世世代代栖居于此，人类也正是在这里找到了自己的起源。在人类的发展史上，非洲不仅数次处于世界的中心地位，而且对于那些与之往来的国家，始终怀着一颗包容的心。如果把世界看作一个整体，通过世界地图，我们可以明确地看出，在不同的历史时期，非洲大陆与世界上其他各大洲一样，被置于国家体系的中心。倘若再仔细研究琢磨，我们会发现非洲在地理位置上极为重要，处于三个大洲或地区的核心位置上。

　　——地中海与亚非地区：这个地区正是亚洲和欧

洲最早与非洲大陆取得联系的地区。

——印度洋地区：公元 5 世纪至 15 世纪期间，印度洋国家通过海上国际贸易在非洲赚取了大量财富。

——大西洋地区：15 世纪末，该地区沿岸的国家突然蜂拥而至，随后在非洲开启了罪恶的奴隶贸易和血腥的殖民统治。

正是因为如此，面对来自世界各地（主要是印度、阿拉伯、葡萄牙、欧洲其他国家和美国）的"游客"，非洲总能做到左右逢源。这些"游客"最初受经济利益与政治利益的双重驱使，在各自国家政府的资助下，前往非洲大陆寻找财富。伴随着新航路的开辟，非洲同东西方之间的文化、贸易交流开始逐渐增多，各种文化与政治也在此相互汇合、相互交融。

尽管各路入侵者的许多决策都是在进入非洲之前做出的，但并不意味着非洲人被动地遭受外部干扰。在非洲大陆，许多金矿矿主、奴隶主以及商人更是助纣为虐，对外来者洗劫非洲起着非常积极的作用，有时甚至起决定性作用。这一切并不足为奇，而且可以说是一种历史规律。从真正意义上讲，非洲在这个阶段发生的所有"意外事件"，不仅改变了非洲的历史，而且决定了非洲未来的命运。在这一点上，非洲的历史与法国很相似。法国在历史上也曾先后遭遇了凯尔特人（les Celtes）征服、罗马人入侵、日耳曼入侵，接着是奥依族与奥克族的内乱，紧随其后的数次西法战争、长达一个多世纪的英法百年战争、19 世纪拿破仑败北之后的反法联盟以及三次对德战争。这些通常是因外部干预而改变了一个国家，乃至整个大洲的历史。

所以，把非洲发生的历史偶然事件同其他地方做比较，这是不公平的。纵然科技革命的烈火直到很久之后才燃烧到非洲大陆，纵然全球经济浪潮席卷了非洲，但是它仍然拥有专属自己的历史。在"欧洲中心论"观点的引导下，非洲一直被人视为世界的边缘；然而，对于非洲人来说，世界的其他地方才是非洲的边缘，换言之，非洲是世界的中心。总而言之，对于非洲，我们既不能夸大，也不能贬低，而需要客观看待它。

非洲的黄金

    黄金在中世纪的作用为我们研究非洲提供了一个很好的例子。黄金是最早被发现和使用的金属之一，它所拥有的贵重金属和稀有金属的特性，被人们作为财富储备，并让欧洲人和非洲人为之疯狂。早在距今5000年左右的新石器时代，人类已能识别黄金。在发现非洲黄金之前，欧洲人曾分别于公元15世纪在南美洲的加勒比海淘金、公元16世纪在秘鲁和墨西哥挖掘白银、18世纪攫取巴西的黄金。中世纪末期，美洲的金银矿让现代欧洲人感到极为震惊，并为伊比利亚半岛（主要指葡萄牙和西班牙）积累了大量财富。而在此之前，欧洲人的黄金主要来自欧亚交界处的乌拉尔山脉（l'Oural）、塞内加尔河流域的西苏丹以及太平洋沿岸的黄金海岸。

法国历史学家、中世纪文化研究专家莫里斯·隆巴德（Maurice Lombard，1904—1965），在其已发表的一篇颇具前瞻性的文章[①]中指出了西非黄金在 11 世纪时的重要性。他称西非黄金为"苏丹的黄金"，并把黄金海岸的发现归功于伊斯兰教："没有穆斯林们的黄金，我们就无法理解拜占庭文明的第二个黄金时代[②]"。导致产生这种错误评价的原因在于，大多数西方历史学家站在以欧洲为中心的视角来记叙或描述历史："从穆斯林世界到西欧，再从西欧到拜占庭帝国，再从拜占庭帝国到穆斯林世界的黄金流通渠道被封锁了。"众所周知，在中世纪时期，非洲出现的几个帝国（加纳帝国、马里帝国、桑海帝国）都是建立在国际贸易的基础之上，因此隆巴德对跨撒哈拉沙漠地区南线的黄金中断论心存质疑。

11 世纪的历史学家阿尔·巴克里[③]（Muhammad al-Bakri，1014—

---

① 莫里斯·隆巴德. 经济霸权的货币基础：7—11 世纪时期穆斯林的黄金 [J]. 年鉴. 1947（2）：第 153—159 页。（Maurice Lombard. *Les bases monétaires d'une suprématie économique：l'or musulman du VIIe au XIe siècle*. Annales, vol. 2,1947, pp. 153-159.）

② 从文化的意义上说，查士丁尼（Justinien I，482—565）时代被称为拜占庭文明发展的第一个黄金时代，而马其顿王朝被誉为拜占庭历史上的第二个黄金时代。

③ 出生于阿拉伯人统治时期的伊比利亚半岛，11 世纪著名的历史学家和地理学家，编撰了主要涉及阿拉伯语的《疑难词大辞典》（*le Dictionnaire des mots indécis*），在其穿越撒哈拉沙漠抵达加纳后，以文集的形式出版了《已知世界的地理概况》（*Description géographique du monde connu*），主要描述了北非以及苏丹王国的风土人情。

1094）和 12 世纪的地理学家伊德里西①（Muhammad al-Idrisi，1100—1175）分别在 11 世纪和 12 世纪详细描述了加纳帝国境内鳞次栉比的黄金生产作坊，其中伊德里西曾这样描述："正是因为加纳帝国生产制造的黄金质高量大，所以世界各地的淘金者才会闻风而至。"②14 世纪中叶，伊本·赫勒敦③（Ibn Khaldûn，1332—1406）讲述了马里帝国国王曼萨·康康·穆萨（Kankan Moussa，？—1337）在 14 世纪初期率领 500 多名奴隶前往麦加朝圣的艰辛历程，他在书中描述到"（所有人）穿着也门丝绸锦缎长袍"，"无数骆驼分别驮着重达 300 斤的黄金"④。如此多的黄金一抵达开罗，就在当地引起轰动，并习惯性地用黄金交换了自己的生活必需品——沙漠盐。非洲人进行物品交换的习俗由来已久，最早可以追溯到公元前 5 世纪，希罗多德在其著作中用"以物易物"一词描述迦

---

① 又名谢里夫·伊德里西，出生于西班牙在北非的殖民地休达（Ceuta）自治市，成长于阿尔摩拉维德王朝（la Dynastie almoravide，阿拉伯语中称穆拉比特王朝）时期，12 世纪著名的植物学家、地理学家、绘图学家。在西西里岛罗杰二世（Roger II de Sicile，1095—1154）的要求下，编撰有《罗杰二世传》（Livre de Roger），在书中绘制了大量的地球平面球星图。由于他认为麦加和阿拉伯半岛才是最具有象征意义的世界中心，所以他所绘制出来的地球最高点在南半球上。

② 伊德里西. 非洲和西班牙 [M]. 莱顿：莱顿出版社，1866 年，第 7 页。（Idrisi. Description de l'Afrique et de l'Espagne.Leyde,1866, p. 7.）

③ 出生于突尼斯的塞维利亚的阿拉伯贵族的后裔，阿拉伯穆斯林学者、哲学家、历史学家、经济学家、社会学家，被誉为"经济学之父"和"人口统计学之父"。

④ 赫勒敦. 柏柏尔人的历史（第二卷）[M]. 巴黎：伽利玛出版社，1925 年，第 111—114 页。（Ibn Khaldûn, Histoire des Berbères, tome II. Paris：Gallimard, 1925, pp. 111—114.）。

太基人在直布罗陀海峡的海上贸易[①]。

距离利比亚首都的黎波里 100 千米外的莱普提斯古城（Leptis Magna），是北非国家利比亚的历史文化名城，在迦太基人和罗马人统治时期，一直是两个帝国的首都，而且是重要的贸易和港口城市，鼎盛时期这座城市有 8 万居民。罗马统治时期的塞维鲁王朝（la dynastie des Sévères）亦由塞普蒂米乌斯·塞维鲁（Septime Sévère，146—211）创建于此，并在生存条件恶劣的撒哈拉沙漠深处，开辟了一条途经加拉曼特王国（royaume des Garamantes）、费赞、阿杰尔高原（le Tassili N'Ajjer）的贸易之路。人们不禁会想，莱普提斯古城的辉煌及其巨额财富，无疑都是用其盛产的橄榄油和小麦，同亚撒哈拉沙漠国家进行黄金交易而获得的，这种猜想事实上已经被古代历史学家的研究所证实。

非洲的黄金自古闻名，但由于地中海地区的阿拉伯人充当了欧洲人的代言人，都更倾向于使用白银作为货币进行流通，因此直到欧洲人（包括拜占庭人）在美洲发现大量黄金矿山之后，它的货币价值和经济价值才被体现出来。而当时地中海地区阿拉伯人的驼队已经穿越亚欧大陆，抵达印度和中国，急需黄金作为硬通货与远东地区的商人进行商贸往来，购买他们的丝绸、宝石以及各种香料。毫无争议的是，正是由于威尼斯商人、旅行家马可·波罗（Marco Polo，1254—1324）与中国的直接接

---

① 希罗多德. 历史 [M]. 巴黎：美丽文学出版社，第 183 页。（Hérodote, *Histoires*. Paris：Les Belles Lettres, p. 183. ）

触^①，并在其自传体游记《马可·波罗游记》记述了他在中国的见闻，由此激发了欧洲人对中国的向往，从而把欧洲人在美洲获得的大量黄金交易到中国^②。

11 世纪至 15 世纪，南部非洲的津巴布韦王国跨越印度洋，同中国有了商贸往来。随后非洲东海岸的莫诺莫塔帕王国也于 14 世纪末与中国建立了联系^③。通过对津巴布韦古城遗址考古发掘，在距海岸线 300 千米的古城底下发现了大量的中国瓷器，由此可见这一切并非偶然。位于莫桑比克（原为葡属东非）的索法拉（Sofala）河口，原为非洲南部最古老海港，是非洲东南部国家出入印度洋的重要通道。公元 10 世纪前后，阿拉伯人为购买非洲内地的黄金来此定居；15 世纪末，葡萄牙人也来到此地寻觅黄金，并于 16 世纪初占领索法拉，正式取代穆斯林，控制了这个黄金商道的重要出入口。

此外，虽然尚没有任何考古发掘提供有力证据，但人们曾假设非洲的淘金热最早出现于 11 世纪之前的苏丹，那么为何不把这种假设和推理置于尼罗河以北的地区呢？事实上，古埃及人才是黄金的主要消费者，然而埃及却没有盛产黄金的金矿。历史学家和考古学家对靠近上埃及地

---

① 事实上，关于马可·波罗到底有没有到过中国，在中西方史学界尚存有一定争议，双方都没有充分的证据证明其来过或者没有来过中国。

② 需要指出的是，自欧洲人在美洲大肆开采金矿之后，他们开始青睐黄金，而中国人更青睐使用白银作为流通的贵金属。

③ 兰德尔斯. 15—19 世纪的莫诺莫塔帕王国 [M]. 巴黎：穆顿出版社，1975 年。（W.G.L. Randles. *L'Empire du Monomotapa, du XVe au XIXe siècle*. Paris：Mouton, 1975.）。

区^①的蓬特国（le pays de Pount）考古发掘发现，源自非洲的黄金其实也并没有优先在非洲大陆本土（包括埃及地区）流通，大量黄金被开采出来之后就被运往或流通到欧洲和亚洲地区了。

莫里斯·隆巴德是第一个指出穆斯林对世界货币经济重要性的专家，他认为其黄金的来源国主要有两个："东南非国家"和西苏丹。早在公元 9 世纪，阿拉伯地理学家伊本·胡尔兹达比赫（Ibn Khurdadhbeh, 820—913）曾这样描述："（北非的阿拉伯世界）商业贸易是如此发达，以至于在那些最小的城镇都有货币的使用和流通，而在这里曾经只存在最原始的物物交换。因此，应该进一步扩大货币流通的区域和范围，以应对农村的商业交往活动。"^②

同样的道理，15 世纪后期，葡萄牙人之所以出现在贝宁湾沿岸，最初的目的并非是从事奴隶贸易，而是寻找黄金和香料产地。当时的奴隶贸易仅仅只是一种附加商业活动，掳走大批黑人的目的只是向美洲殖民地种植园和矿山补充劳动力。葡萄牙人此次的商贸路线避开了撒哈拉沙漠，在非洲西海岸凭借船坚炮利打开了西非的海上门户，并在这里修建了大大小小 30 多座奴隶城堡，在众多的奴隶堡中，修建最早、规模最大、

---

① 上下埃及乃埃及在前王朝时期，以孟斐斯为界，位处尼罗河上下游的两个各自独立政权。上埃及位于埃及南部，如今的埃及和苏丹交界处努比亚地区，主要是农业区，包括开罗南郊以南直到苏丹边境的尼罗河谷地；下埃及习惯上指开罗及其以北的尼罗河三角洲地区，是埃及的政治、经济、文化中心区。

② 莫里斯·隆巴德. 伊斯兰帝国的第一次辉煌 [M]. 巴黎：弗拉马里翁出版集团，1971 年。（Maurice Lombard. *L'Islam dans sa première grandeur*. Paris：Flammarion, 1971.）

保存最完好的当属加纳的埃尔米纳奴隶堡（Saint-Georges-de-la-Mine
或 Elmina）。正是"黄金海岸"的黄金为葡萄牙人提供了资金保障，进
一步扩张到圣多美和普林西比（Sao Tomé）岛，并在此开启了大西洋贸
易期间的经济作物种植园。从此，欧洲人在美洲加勒比海开辟的黄金贸
易市场 [①] 暂时让位于他们对非洲的短期经济掠夺 [②]。

　　可以说，非洲人遭遇的这一切是因为他们对全球市场的无知造成的，
这种无知导致他们拿自己的金条同阿拉伯人和欧洲人交换盐巴与枪支。
尽管如此，无论是西非还是中非在那时仍然是世界的中心。纵然没有西
苏丹和古津巴布韦的黄金，也没有强大的政治团体对商业贸易活动的控
制，商品经济在非洲仍旧不会以欧洲的方式发展起来的。问题的关键在于，
近现代的非洲人对全球的商业活动漠不关心。但是在那个时代的非洲黄
金起到的作用，正如 19 世纪后期殖民者发现约翰内斯堡（Johannesburg）
所起的作用一样，为整个西方国家提供了 80% 的黄金 [③]，而且这些黄金还
成为全世界的主要货币制造材料。

---

① 　实际上，欧洲人最初是被拉丁美洲的银矿所吸引，尤其是秘鲁和墨西哥两国的
银矿。

② 　参见约瑟夫·米勒刊录在名为"债务和奴隶制——奴役的历史"会议论文上的
文章《奴隶制和大西洋世界的金融活动》。该会议论文分别由加拿大麦吉尔大学出
版社和法国社会科学高等研究院出版社出版，出版时间分别为 2009 年 5 月和 2010
年 5 月。

③ 　由于受冷战影响，南非生产的黄金只占了世界黄金储备总量的 60%，却占西方
国家的 80%。

劳动力

奴隶贸易是我们研究非洲的另外一个对象。在此，我们再次以非洲为中心，描绘一幅 17 世纪至 19 世纪奴隶贸易的线路图。欧洲殖民者为了从殖民地获得更多的财富，早期的殖民掠夺等抢劫行为已不能满足他们的需求，于是欧洲人开始着手经营殖民地。他们在北美种植园里种植烟草和棉花，在西印度群岛种甘蔗，在中美洲、南美洲开发金、银等矿藏，在印度种植茶树等。最初在种植园和矿山劳动的多数是白人契约工，他们是欧洲各国横渡大西洋而来的贫苦移民。

但随着美洲各种植园的扩张，欧洲殖民者急需大量的劳动力，于是欧洲殖民者不得不寻找新的劳动力来源。殖民者最初试图奴役美洲本土的印第安人，但并未获得明显收益。直至后来他们发现了黑人的力量远大于印第安人，在种植园或矿山使用奴隶劳动要比使用白人契约工便宜得多，又便于管理。于是大规模的奴隶贸易自 12 世纪就已经开始了。一个重要的事实摆在我们面前：非洲的奴隶最初只是存在于非洲大陆的古老社会中，现在却被掳掠到世界各地，主要是地中海地区、印度洋地区、西亚的阿曼苏丹国、东非沿岸的桑给巴尔苏丹国以及大西洋沿岸国家。最新的研究表明，在非洲大陆内地也存在奴隶贸易，其奴隶买卖的网络更加复杂，并且在 19 世纪时达到顶峰 [1]。

在现代重商主义思想的影响下，大型热带种植园产出的甘蔗、丁香、棉花、剑麻等经济作物可以出口到世界各地。于是通过奴隶贸易被贩卖到世界各地的非洲黑人劳动力也就随处可见了，尤其是在美洲、阿拉伯、印度、印度尼西亚，甚至是中国。非洲当之无愧地成为世界各地农业种植园的主要劳动力供应地，并在大力发展棉制纺织品的基础上，开启了第一次工业革命。简而言之，非洲为全世界供给了劳动力。马克思认为，劳动力是经济增长的主要因素，因此从另一种意义上讲，非洲此时仍然处于世界的中心，并且为世界其他地方提供了一种主要的生产模式——奴隶种植园。

---

① 克劳德·梅利亚索. 奴隶贸易的人类学 [M]. 巴黎：大学出版社，1986 年（Claude Meillassoux, *Anthropologie de l'esclavage*, le ventre de fer et d'argent. Paris：PUF, 1986.）
凯瑟琳·科克里-维德罗维什. 19 世纪的非洲与非洲人 [M]. 巴黎：阿尔芒科林出版社，1999 年。（Catherine Coquery-Vidrovitch. *L'Afrique et les Africains au XIXe siècle*, Paris：Armand Colin, 1999.）

原料产地

      19世纪，大西洋的奴隶贸易，标志着非洲为世界第三次经济全球化做出了巨大贡献。英国工业革命过程中，不仅需要从美国南部的奴隶种植园运回棉花来满足纺织行业的需求，还需要热带油籽压榨出的油料润滑机器、提供照明（在电被发明之前）以及制造香皂。棕榈油和花生油（印度也生产）主要集中在西非地区，椰子油和椰子干主要产于东非，而丁香却只能在桑给巴尔半岛和奔巴岛（Pemba）种植。纺织行业和化工行业必需的热带染色木材，16世纪由葡萄牙人在安哥拉的首都罗安达大面积种植。19世纪末，供给汽车轮胎行业所需的橡胶，开始在非洲热带雨林种植；南非地区的黄金也替代了西苏丹的金矿开发。总而言之，非洲为西方资本主义的诞生起了至关重要的作用。

　　一方面，欧洲的新兴市场为进一步提高社会生产力需要更多的奴隶劳工；另一方面，本地或区域性势力，如各大帝国、军阀、"圣战"领导人以及农业种植园主，可以借助这些新兴市场来增强各自的势力，所以为适应这些新兴市场，非洲的政治体制与社会制度逐渐发生转变。正是因为如此，尽管殖民统治在 19 世纪下半叶已经接近尾声，但非洲的政治结构和社会形态总体与 18 世纪相同，几乎没有发生任何改变。非洲也因此成为欧洲工业化进程中必不可少的主要原料供应商。

　　欧洲殖民者也就在 19 世纪 70 年代之后，加快了殖民非洲的速度。但欧洲国家之间在非洲的冲突也随之出现，甚至开始影响在欧洲本土的政治局势，其中矛盾最为突出的，是刚果河流域的归属问题。1884 年至 1885 年，在柏林举行的国际会议导致非洲彻底被欧洲列强瓜分，在此我们有必要探讨一下非洲在国际政治中的作用。在第一轮会议中，包括奥斯曼土耳其帝国在内的所有的欧洲列强齐聚一堂，并没有谈论如何解决刚果河流域的归属问题，而是各自心怀鬼胎，各为其利①。此次会议，西方列强划分了在非洲中部的势力范围，确定了在非洲拓展殖民地的共同准则，为日后帝国主义列强完全瓜分非洲提供了合法性依据，从此掀起瓜分非洲的高潮。所以柏林会议对非洲来说至关重要，因为它决定了非洲未来的命运。

---

① 1815 年的维也纳会议是在拿破仑战败后，欧洲列强重划欧洲的政治地图，目的在于恢复拿破仑战争时期被推翻的各国旧王朝以及欧洲的封建秩序，战胜国重新瓜分欧洲的领土和领地。1884 年的柏林会议与之惊人相似，其目的在于瓜分非洲。

欧洲列强为了扩大自己的势力范围，开始加速扩张在非洲的殖民地，使得欧洲对非洲的殖民达到高潮。然而欧洲人对非洲的疯狂殖民扩张状态仅仅持续了 30 年左右，正是由于非洲的局势影响了欧洲大陆的政局，至 1900 年，殖民扩张几乎全面停止。20 世纪 30 年代，资本主义国家的经济大萧条期间，欧美列强深陷其中，自身难保，于是非洲也暂时从全球政治舞台上"消失"了。我们将在最后一章看到，第二次世界大战是一个重要的战略契机，非洲在此之后处于全球体系中非常重要的位置。

在历史的早期阶段，非洲人总是以其独特的方式，始终处于全球性大事件的中心。这就意味着，非洲人如同其他民族一样，在全球化进程中必不可少。在全球发展历程中，非洲不仅在生产领域（原材料供应）起到至关重要的作用，而且实现了劳动力的全球储备（昔日的奴隶，今朝的民工）。但时至今日，反观非洲本土，仍然是一个整体尚不发达，也尚未成为国际社会重视的消费市场，这也就是它为何会被别人视为世界边缘的原因。倘若只看其国内生产总值，这一观点无可厚非，但若综合考虑其经济贡献、战略地位、人口因素以及人文文化等方面原因，该观点就显得有失偏颇了。

第六章

16 世纪以前的非洲

从古埃及至中世纪的撒哈拉以南非洲

1954 年，塞内加尔籍历史学家、人类学家、物理学家和政治家谢克·安塔·迪奥普（Cheikh Anta Diop, 1923—1986）在再次翻阅他人一篇几乎被遗忘的论文（发表于 19 世纪末）后，宣布了其震惊学界的论点：非洲的历史始于古埃及。迪奥普同时指出，曾经被世人认为"一片空白"的埃及学研究，事实上自 18 世纪起已日臻完善，并且得出另一重要结论：埃及位于非洲，而非亚欧学者以往所提出的观点——非洲是"欧洲的延伸"或"欧洲的非洲"抑或"亚洲的组成部分"。诚然，这位历史学家出身于物理学研究领域，但是他关于非洲历史的许多观点和理论得到了世人的认可。

上埃及地区曾是世界大熔炉，来自亚欧各地的大批游客和商人汇聚于此，共同创造了曾经辉煌灿烂的古埃及文明，并以此为中心向南北延伸。尽管该地区的人们（包括部分法老们）肤色各异，但相对于文化偏见而言，彼时人们对肤色的歧视远未达到当今的程度。事实上，古地中海人与古东方人，无论他们文明开化，还是愚昧野蛮，均不会以肤色嘲讽对方。鉴于气候炎热且不同种族之间相互通婚等因素，大部分本地居民皮肤呈现出不同程度的黑——有的人纯黑，也有人棕黑。

"科学种族主义"一词出现于 19 世纪，科学种族主义者认为，无论在智力方面，还是在文明程度方面，白人均比黑人优越。直至 20 世纪 50 年代，普通大众仍未摆脱"科学种族主义"传统思想的束缚。因此，当西方研究古埃及的考古学家提出"非洲的埃及"这一概念时，在学界颇具争议。西方人认为，由于非洲并无自己的文字记载自己的历史，而且尚无史料能证实"埃及属于非洲"这一观点，因此"非洲的埃及"这种说法不符合历史的真实性。然而，这一学说却对亚撒哈拉地区的归属问题至关重要，因此在欧洲引起了轩然大波。

直至公元后初期，古埃及文明仍不断向南传播，一直影响到古努比亚地区：通过对麦罗埃和阿克苏姆①（Axoum）等著名古城遗址的考古发

---

① 阿克苏姆是公元前或公元初位于东北非的奴隶制国家，首都为阿克苏姆城（今属埃塞俄比亚的提格雷省）。国王埃扎纳（Ezana，生卒不详）在位时（320—360），征服埃塞俄比亚高原、麦罗埃和南阿拉伯，与罗马帝国皇帝君士坦丁（Constantine，272—337）缔结同盟条约，国势极盛，被称为"众王之王"。埃扎纳还皈依基督教，推行新拼音文字，使阿克苏姆成为世界上第一个以基督教为国教的国家。

掘，人们发现了埃及金字塔的遗迹以及炼铁的痕迹（古埃及当时尚未掌握炼铁技术）。根据史料推测，古埃及文明南下传播的主要原因是古罗马人对古埃及法老的征服。公元前 30 年 8 月 1 日埃及首都亚历山大城被罗马共和国军队攻破，末代法老 [1] 克丽奥帕特拉七世女王（Cléopâtre VII，公元前 69 年—公元前 30 年，即埃及艳后）与其情妇马克·安东尼（Marc Antoine，公元前 83 年—公元前 30 年）不久即被罗马统帅屋大维（Octave，公元前 63 年—公元前 14 年，即后来的首任罗马皇帝奥古斯都）打败，克丽奥帕特拉七世自杀，托勒密王朝灭亡，埃及成为罗马的一个省，法老制结束。王朝的其他贵族为免遭迫害，带着子嗣南下避难。

由于缺乏相关史料，以下部分的内容显得比较笼统。自公元 5 世纪起，波斯人不断入侵非洲之角地区，导致该地区战事不断，但同时也为该地区带来了伊斯兰教和斯瓦希里文明，为该地区的复兴打下了基础。而在古代北非，利比亚由东部的昔兰尼加（la Cyrénaïque）、西北部的的黎波里塔尼亚（la Tripolitaine）和西南部的费赞（la Fezzan）三个地区构成。昔兰尼加深受古埃及和古希腊文化影响，其首府为昔兰尼。的黎波里塔尼亚曾先后遭到迦太基人、古罗马帝国、阿拉伯帝国和奥斯曼土耳其帝国入侵，其东部坐落着著名的古罗马遗迹——莱普提斯古城，该古城在经历了古罗马的鼎盛时期之后，逐渐走向衰落与破败：

---

[1] 亦有史学家认为古埃及的末代法老应该是托勒密十五世——菲罗帕托·菲罗墨托·恺撒（Ptolémée XV, Pato Philopato Philomyrtle César，公元前 47—公元前 30），他是埃及艳后的长子，并被认为是他母亲和罗马终身独裁官尤利乌斯·恺撒（Jules César）的儿子。然而其即位时尚幼，实际大权掌握在母亲和继父马克·安东尼手中，故该书作者认为克丽奥帕特拉七世女王为埃及的最后一位法老。

公元 365 年，一场大地震袭击了古城；公元 429 年，汪达尔人越海南侵；紧接着，在公元 7 世纪前后遭遇阿拉伯人洗劫；公元 15 世纪，奥斯曼土耳其人的入侵为古城带来了一时的繁荣。随后，撒哈拉沙漠滚烫的沙子逐渐将古城掩埋。在公元 10 世纪至 12 世纪期间，大量穆斯林最先来到马格里布地区（le Maghreb），并助使摩洛哥柏柏尔人建立的阿尔摩拉维德王朝与阿蒙哈德王朝达到全盛时期。

阿拉伯帝国的入侵将整个北非置于阿拉伯人的控制之下，占领了自下埃及至马格里布地区最西端的所有领土，同时也导致南、北撒哈拉沙漠之间的往来关系中断了几个世纪。撒哈拉沙漠西部地区异常干燥，直到人们于公元 3 世纪引进骆驼后才恢复与外界的商贸往来（这主要归功于骆驼的鼻孔能开闭，足垫厚，适合在沙漠中行走，并且有极强的耐饥性、耐渴性，可以多日不吃不喝，一旦遇到水草，可以大量饮水贮存，以适应独特的荒漠条件，因此被誉为"沙漠之舟"）。东部是连绵不断的埃塞俄比亚山脉，山里躲藏着敌视阿拉伯人入侵的法拉沙犹太人（信奉犹太教的埃塞俄比亚人）、科普特基督徒以及不愿皈依伊斯兰教的原始宗教信仰者。简而言之，整个地中海沿岸的非洲实际上都是古埃及的一部分。

然而也不应该把古代北非同外界中断联系的历史过分夸大。其实自 8 世纪末起，北非的穆斯林也曾抵达非洲西部的尼日尔河流域。最先能够接触到伊斯兰教的地区，总是那些与来自马格里布地区的穆斯林有商贸往来的大城市。曾有一篇文章这样记载："考考（Kawkaw）王国的国王声明穆斯林优越于他的臣民。事实上，许多穆斯林也持同样的观点。"公元 11 世纪初，桑海帝国（l'Empire Songhai）的统治者也皈依了伊斯

兰教，并将都城由库吉亚 ①（Koukya）迁至尼日尔河流域的商业城市加
奥 ②（Gao）。曾经臣属于加纳王国（le royaume de Ghana，此处的加纳
王国乃西非历史上盛极一时的古国，并非现在的加纳共和国）的塔克鲁
尔（Tekrour，亦写作 Tekrur 或 Tekrour）国国王亦于公元 1040 年皈依
了伊斯兰教。

　　至于由西苏丹索宁克人（les Soninkés）建立的加纳王国则一直独
立于伊斯兰世界之外，曾经主宰塞内加尔河至尼日尔河上游地区长达两
个世纪之久。英国阿拉伯裔作家、地理学家和历史学家伊本·豪卡尔曾
如此描述加纳王国："因为拥有大量的黄金宝藏，所以它是世界上最富
有的国家。"伊斯兰教的影响已日渐明显，西亚著名的旅行家阿尔-巴
克里坚持主张从文化层面向国王灌输伊斯兰教思想，让熟知伊斯兰教教
义的法学家与学者处理国家事务，让他们作为伊斯兰教的代言人，甚至
掌管国家财政大权或者是担任其他要职。

　　加纳王国最终没有抵抗住摩洛哥地区伊斯兰化柏柏尔人的入侵。公
元 1076 年，穆拉比特王国（即阿尔摩拉维德王国）攻陷加纳王国的首
都昆比（Koumbi Saleh），逼迫加纳国王及其臣民皈依伊斯兰教。公元
1097 年，加纳人利用柏柏尔人的内部矛盾，杀死其继任国王，从而恢复
独立。在恢复独立后的加纳王国，尽管大部分农村人口仍然信奉原始宗教，
且这种现象一直保持到公元 17—19 世纪，但加纳王国的统治阶层已皈依

---

① 地处今日马里共和国和尼日尔共和国的交界处。

② 非洲马里东部城市，加奥区首府，位于尼日尔河北岸，撒哈拉沙漠南缘，建于
公元 7 世纪。

伊斯兰教，故此时的加纳王国实际上已是穆斯林的天下。

位于尼日尔河三角洲中部地区的廷巴克图（Tombouctou，亦译"丁布各都""通布图"），是骆驼商队从北非通往南方地区的水陆必经之地，也是南来北往货物（尤其是盐巴）交易的集散地。繁荣的奴隶贸易与黄金交易，使得廷巴克图与尼日尔河三角洲最南端的杰内古城（Djenné）建立起商贸往来。杰内古城距廷巴克图 500 千米，毗邻干燥的撒哈拉沙漠和多雨的苏丹地区，位于游牧地区和固定居住区的切换点上，由阿拉伯人建于公元 12 世纪前后 [1]。随着从廷巴克图到杰内的商贸线路的建立，被称为"迪乌拉人"（dioula）的伊斯兰化商人，不断把撒哈拉沙漠地区的盐巴运往西非地区，同时也为该地区带去了伊斯兰教。然而这条重要的南北贸易通道却掌握在萨赫勒地带 [2] 统治者手中。正是如此，伊斯兰教廷在西苏丹王国时期就意欲掌控该地区。

---

[1]　有资料显示该地区自公元前 250 年开始就有人居住，杰内古城于公元 765 年（另一资料显示其建立于公元 800 年）正式建造在尼日尔河流域一个防御性的小岛上（尼日尔河三角洲的最南端、尼日尔河支流巴尼河的北岸），从公元 9 世纪或 10 世纪开始，杰内古城在黄金贸易以及苏丹地区其他商品贸易中发挥了重要作用。该古城于 1980 年被美国考古学家麦金托什夫妇——罗德里克·麦金托什（Roderick McIntosch）与苏珊·麦金托什（Suzan McIntosch）发现，随后进行了发掘。

[2]　所谓"萨赫勒"的原意是"边缘"，这个边缘客观上有两重含义：一是沙漠的边缘（南缘），二是草原的边缘。简单点说，萨赫勒地带是指撒哈拉沙漠以南，是与非洲南部热带草原之间的过渡地带。该地带西至毛里塔尼亚，东到埃塞俄比亚，横贯整个非洲大陆的一条东西长约 3800 千米、平均南北纵深约 600 千米的地带，横跨塞内加尔、毛里塔尼亚、马里、布基纳法索、尼日尔、尼日利亚、乍得、苏丹共和国和厄立特里亚 9 个国家。

　　根据尼日利亚学者奥斯曼·丹·福迪奥[①]的描述：公元18世纪以前，位于萨赫勒地区的西非是古代亚撒哈拉地区经济文化最发达的地区，富饶的尼日尔河哺育了一个又一个强大的王国，先后经历了加纳帝国（公元3—13世纪）、马里帝国（公元13—15世纪）、位于加奥的桑海帝国（公元15—16世纪）。公元16—17世纪，西非沿海地带还兴起了阿散蒂、奥约、达荷美、贝宁等著名王国。在桑海帝国末期，在其周围又兴起了许多强大的王国，并迫使桑海帝国臣服。东部有豪萨人（主要分布在今尼日利亚西北部及毗邻的尼日尔南部的民族）的众多城邦（公元18世纪末期），其中以卡诺城邦最大。萨赫勒地区的许多古城成为早期穆斯林探险者的家园，这些城市在穆斯林们的苦心经营下不断发展壮大，其中就有令欧洲人[②]神往的廷巴克图。

[①]　奥斯曼·丹·福迪奥，尼日利亚富拉尼族作家、政治家。他写了许多有关伊斯兰教圣训的书籍，在其著作中描述了诸多有关早期穆斯林探险的经历。

[②]　据史料记载，第一个来到廷巴克图并平安返回欧洲的人是法国探险家勒内·加利耶（René Caillié，1799—1838），他于1828年在巴黎一家公司的资助下抵达廷巴克图，并于1830年平安返回法国。

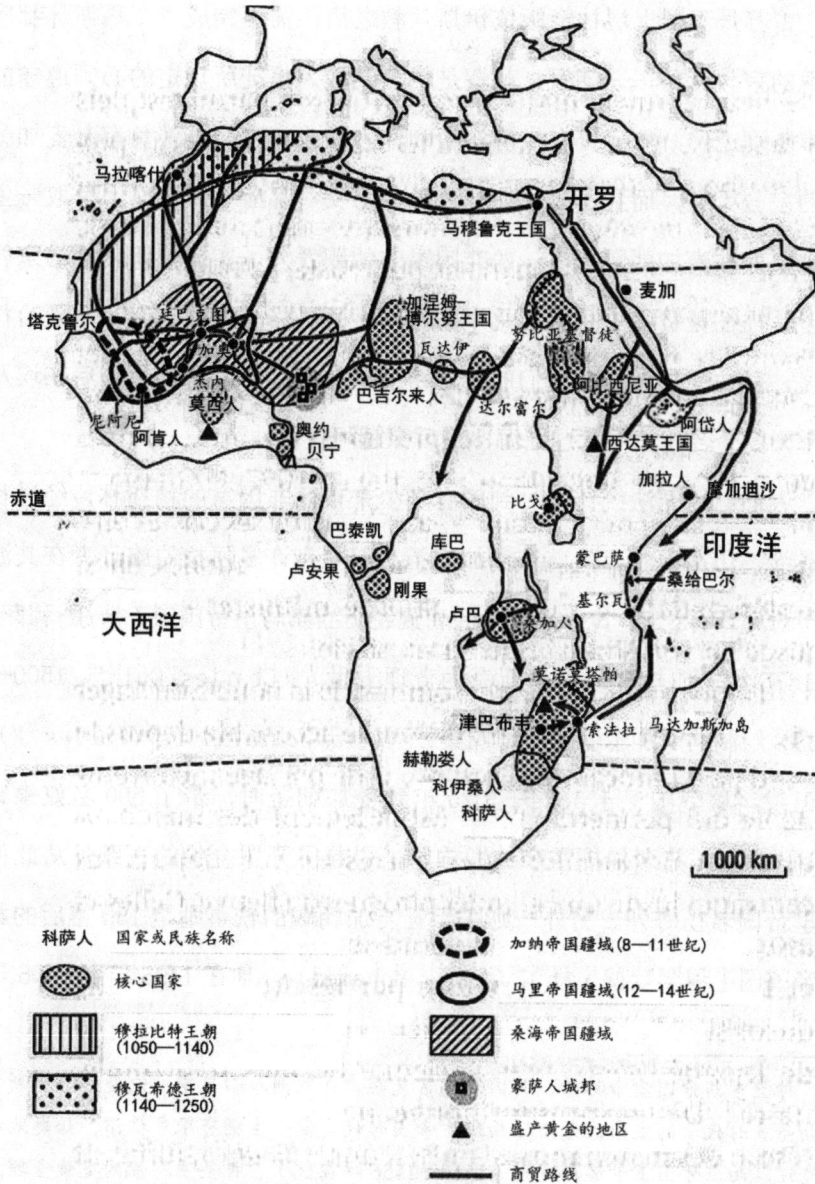

10—16 世纪时期的非洲版图

古苏丹王国上层社会皈依伊斯兰教之后，需要完成每个穆斯林都应实现的宗教义务——朝觐。朝觐是伊斯兰教为信徒所规定的必须遵守的基本制度之一，每一位有经济实力和体力的成年穆斯林都负有赴麦加朝拜的宗教义务，而且所有穆斯林，无论男女，都应尽最大努力争取一生至少要前往麦加朝觐一次。西非国家的朝觐者为了实现他们虔诚的宗教愿望，往往花费几个月甚至几年的时间，骑着骆驼自西向东穿越撒哈拉沙漠，前往麦加圣地。他们的首选路线是：先经过乍得湖，之后在埃及首都开罗会合，然后渡过红海，最后穿越阿拉伯沙漠……

人们已经无法统计当时到底有多少来自西非国家的穆斯林，经过长途跋涉，历尽千难万险前往麦加朝圣。但是有许多阿拉伯旅行者在其游记中对此均有记载，其中最著名的朝觐经历当属马里帝国国王康康·穆萨，据 1375 年亚伯拉罕·克莱斯克为查理五世[①]（Charles Quint, 1500—1558）绘制的《加泰罗尼亚地图集》（*Atlas catalan de Charles V*）所记载，穆萨国王于 1324—1325 年到麦加朝圣时，带了 500 名奴隶、100 驮黄金，其奢侈挥霍和慷慨施舍，引起了开罗金价的下跌，从此使马里帝国名扬海外。另外一则关于赴麦加朝觐的轶事则是 150 年后的桑海帝国国王穆罕默德·杜尔（Askya Mohamed），他在 1495 年到 1496 年

---

① 神圣罗马帝国皇帝称号，其国籍非常复杂。在欧洲人心目中，他是"哈布斯堡王朝争霸时代"的主角，开启了西班牙帝国时代。他一生拥有很多称谓，如奥地利的查理、西班牙国王卡洛斯一世（1516—1556 年在位）、神圣罗马帝国皇帝查理五世（1519—1556 年在位）、罗马人民的国王卡尔五世（1519—1530）、卡斯蒂利亚和莱昂国王卡洛斯一世（1516—1556）、阿拉贡国王卡洛斯一世（1516—1556）、西西里国王卡洛二世（1516—1556）、那不勒斯国王卡洛四世（1516—1556）。

期间，在 1000 名步兵和 500 名骑兵的护卫下，穿越浩瀚的撒哈拉沙漠，到圣城麦加朝拜，并施舍了 30 万金币的经历，在伊斯兰教世界中成为美谈，他也因此被伊斯兰教世界承认为是西非地区的哈里发。

到底有多少人经由此路前往麦加朝觐？没人能够给出准确答案，然而赴麦加朝觐的记载比比皆是。公元 19 世纪，非洲西苏丹地区伊斯兰教改革运动的著名领袖之一埃尔－哈吉·奥马尔（El-Hadj Omar，1797—1864）也曾三次前往近东地区的麦加朝圣，并于 1828 年至 1830 年期间，在耶路撒冷潜心钻研教义。1965 年曾有一则报道，是关于一位老人三次赴麦加朝圣的经历：首次朝圣是在第一次世界大战前夕，他步行前往麦加；第二次是在两次世界大战期间，虽然这位老人所经之地战乱不断，数次被捕入狱，但他最终仍乘坐大卡车抵达麦加；第三次是在 20 世纪 50 年代，在其子女的帮助下，乘坐飞机到麦加朝圣。

事实上，古埃及与亚撒哈拉地区之间的文化交流，比人们之前想象的要更加重要。当今人们在谈到它们之间的相互影响时，主要基于以下 3 个原因：首先，有学者认为沃洛夫语（塞内加尔的口语）有象形文字的起源；其次，我们发现两地妇女编织发型之间的相似性；最后，亚撒哈拉地区一些农村的政治结构与古埃及时期非常相似，极有可能是二者相互交流时遗留的产物。

从黄金贸易到大规模贩奴

　　鉴于考古学界尚未发掘出有关非洲大陆的所有考古资源，且有文字记载的历史文献七零八落，因此12世纪至18世纪时期的非洲历史被世人所认知的程度也不一而足。其中，部分用阿拉伯语记录的文史资料，仅仅只局限于伊斯兰教所触及的地区，即整个萨赫勒地带、包括莫桑比克岛（位于今莫桑比克共和国北边）在内的非洲东海岸国家以及马达加斯加岛。15世纪下半叶，由于葡萄牙人掌握了当时最先进的航海技术和地理知识，并率先抵达西非和中非地区，故该地区所有的文字史料主要用葡萄牙语记载。事实上，葡萄牙人自1495年起便同阿比西尼亚帝国（今埃塞俄比亚）建立了外交联系，其耶稣会士也随后于1557年进入该帝国，直至 1633 年被阿比西尼亚人驱逐之前，耶稣会士一直用自己的文字记录着这里所发生的一切。

然而必须提及的是，早在公元 12 世纪之前，非洲便是世界上最重要的黄金产地，而且其黄金贸易在几个世纪以来均独占鳌头。公元 10—15 世纪，来到苏丹的阿拉伯游客和商人通过游记记录的方式把古苏丹诸帝国[①]展现给了世人。其中距现代最近的一部重要阿拉伯语文献是哈桑·瓦赞编撰的《非洲游记》。其本人是一位海上行劫的受害者，在地中海上被一群信仰基督教的海盗围劫之后，沦为奴隶。由于受过良好的教育，所以在被送回国之前一直留在罗马教廷撰写他在非洲的所见所闻，即后来的《非洲游记》。

自 16 世纪起，伊斯兰教和阿拉伯语在北非和东非地区快速传播，这些地区的非洲人开始用文字记录他们曾经只能口口相传的历史。用阿拉伯语记载的非洲编年史异常珍贵，部分文字史料自 20 世纪初就逐渐被翻译成法语，比如讲述苏丹诸帝国历史的《塔里克》以及记载印度洋沿岸城市志鉴的《基尔瓦纪事》等。近几年来，学界加紧了对各地名门望族所收藏的档案史料的梳理和分析，尤其是（但不局限于）马里中部历史名城廷巴克图和西部城市卡伊（Kayes，亦译"凯斯"）以及尼日尔的中部城市阿加德兹和中南部城市津德尔。

由于许多相关史料只能通过考古发掘获得，因此作为南部非洲重要文明发源地的大津巴布韦古城（亦即津巴布韦共和国的命名由来），世人对此知之甚少。但考古学家仍旧找到证据证明，大津巴布韦古城的居

---

① 古苏丹诸帝国包括加纳帝国、马里帝国和桑海帝国。

民在葡萄牙人到来之前（在公元 11 世纪至 15 世纪中叶）就建造了那些令人震撼的大型石艺建筑群。时至今日，在大津巴布韦山顶盆地中心地带仍矗立着一组由 9 米高的石墙围成的山顶围场——考古学家认为这些围场可能是当时的王宫。直至 19 世纪，依然有人生活在这些规模宏大的石头建筑群里。

然而，从 15 世纪 50 年代开始，或许因人口增长过快，导致了这个半游牧民族所赖以生存的生态环境恶化，从而迫使大部分大津巴布韦人迁徙到 300 千米外的北方，最终在木塔帕帝国[①]（Mutapa）定居下来。大津巴布韦帝国由于控制着当时世界上主要的黄金贸易，因此如同苏丹诸帝国一样，曾辉煌一时。考古学家在大津巴布韦遗址发现了诸多同印度洋沿岸国家商贸往来的遗迹，特别是发现了大量的中国陶瓷器物，然而这两个国家的商人在当时极有可能从未谋面。19 世纪末，野心勃勃的英国殖民者塞西尔·罗得斯[②]（Cecil John Rhodes，1853—1902）开始攫取这个地区的黄金宝藏，并掠夺殆尽。

印度洋沿岸的海上贸易亘古有之，而且从未停止过。该航线最初以印度为起点，之后向北延至中国沿海，向西分别穿过阿拉伯海和非洲之角，然后向南途经桑给巴尔岛和莫桑比克岛，最终延伸至非洲南部海岸。印度洋沿线的海上贸易曾经由穆斯林控制，而后古罗马人在获得该航线

[①] 葡萄牙人称其为莫诺莫塔帕王国，是地处赞比西河南岸的内陆国家，盛产黄金，是 16 世纪以来一直活动于东非沿海的葡萄牙殖民者所觊觎的重点对象。

[②] 至 1895 年，以塞西尔·罗德斯为首的英国殖民者夺得赞比亚河和林波波河河间地区及赞比亚以北地区，并以其名命名为"罗德西亚"。

的掌控权后，在上埃及至肯尼亚沿岸设立了许多供货轮中途停靠的港口，这些港口后来逐渐发展成为大型港口城市以及商业中心。

公元 7—8 世纪，阿拉伯对外扩张战争①的胜利使得该航线贸易量大幅增加，大批来自波斯、印度以及阿拉伯的水手、商人、冒险家、传教士、旅行者在沿岸港口定居，并娶妻生子，由此产生了一种新的交流语言——斯瓦希里语，有文字记载的斯瓦希里语最早可追溯到公元 16 世纪，其原形采用的是阿拉伯语文字。与此同时，在东非沿岸地区经过千百年的融合，形成了一种与众不同且充满亚非文化独特魅力与浓郁风情的斯瓦希里文化。该文化起源于公元 1 世纪，最终形成于阿拉伯帝国兴起之后的 8—10 世纪，并于公元 16—18 世纪达到鼎盛时期。其融合了非洲文化、阿拉伯文化、波斯文化、印度文化甚至是中国文化等多种文化，是非洲文化与亚洲文化融合的产物，是一种多元交织的、开放性的"亚非文化"。

公元 16—18 世纪，乌彭巴湖与加丹加的卢瓦拉巴河沿岸的氏族社会不断壮大，最终在中非的核心地区，今刚果共和国的西南部开赛省（le Kasaï）、安哥拉的东北部和赞比亚的北部地区，先后逐渐演变成两个强大帝国——卢巴帝国和隆达帝国。从 19 世纪初开始，隆达帝国在奴隶贸易和葡萄牙人入侵的冲击下走向衰落并逐步分裂瓦解。到 19 世纪末，隆达帝国的实际控制地区已缩小到今天刚果共和国南部与安哥拉和赞比亚交界地区。

---

①　阿拉伯对外扩张战争是公元 7—8 世纪穆斯林统一国家——阿拉伯帝国形成后，为了扩大其统治范围，以"传播伊斯兰教"和"展开反对异教徒的圣战"为由，强行吞并西亚、北非和西南欧大片领土的行动。

但伴随着第一位葡萄牙商人曼努埃尔·卡埃塔诺·佩雷拉（Manuel Caetano Pereira，生卒年不详）于 1796 年抵达卡曾贝王国[①]（le Royaume du Kazembe），葡萄牙人即见证了这片土地上发生的一切。由于相关史料缺失，人们只能依靠推测来想象这些帝国的崛起之路以及它们曾经的辉煌——它们的崛起源于两个方面的因素：一方面，该地区较早种植玉米确保了人们的口粮，使得人口数量大增，统治阶层拥有越来越多的佣人和家奴从事种植、沙漠商运以及服兵役，从而有利于政治稳定。另一方面，通过大量开采铜矿制造铜币（多为长条形或者圆环形），促进当地包括奴隶贸易在内的商业贸易便利化。然而，国际奴隶贸易（尤其是刚果、葡萄牙和巴西之间的跨大西洋奴隶贸易）最终替代了几乎所有的商贸活动，也正是遍及非洲的奴隶贸易导致了非洲各个帝国的衰亡。19 世纪时，非洲各地匪患猖獗，遭遇匪患严重的王国时常被邻国（今加丹加地区的尼扬韦齐王国[②]）乘虚而入，从而灭亡。

正如英国历史学家巴兹尔·戴维森（Basil Davidson，1914—2010）在其颇具开创性意义的著作——《被遗忘的非洲城市》[③]（*Lost*

---

① 卡曾贝王国是隆达帝国下属的小国家之一，位于今赞比亚与扎伊尔边境卢阿普拉河流域。

② 尼扬韦齐王国位于坦桑尼亚西部塔波拉（Tabora）地区，由姆文达·穆希里（Mwenda Msiri，1830—1891）创建并统治。姆文达·穆希里最初在桑给巴尔苏丹主要从事铜、象牙以及奴隶贸易，随后联合数百个部落首领和商人通过武力获得大西洋至印度洋沿线的贸易权，最终建立尼扬韦齐王国。

③ 该书最初的标题为《重新发现古代非洲》（*Old Africa rediscovered*），1962 年以《白人到来之前的非洲》（*L'Afrique avant les Blancs*）为名，被翻译成法语，在法国境内出版发行。

Cities of Africa，1965）——第二版中指出的那样："或许为了掩饰罪恶感，越来越多有关奴隶贸易的资料被销毁"。所以在本章中，我未能找到更多史料对非洲的黑奴贸易进行更加全面的论述。

第七章

非洲的奴隶贸易 ①

---

① 本章内容在总结我早前以口头或书面形式出现过的讲义或其他资料的基础上撰写而成。

谈到奴隶贸易，有必要把奴隶制同奴隶贸易区分开来。奴隶制是在前工业社会，人类进行劳动力剥削的一种基本形式。奴隶制在非洲是一个固定而又普遍存在的制度，战俘、债务人或犯有严重罪行的人会沦为奴隶，但这些奴隶通常被当作家庭中的一分子，享有明确规定的权利，而且身份也不一定世袭；而欧洲的奴隶制却是一种完全不同的制度，并有着完全不同的历史，它从一开始就主要是经济性质的，这一切都是由奴隶贸易引起的。

欧洲殖民者主要向三个目的地售卖非洲奴隶：印度洋沿岸国家以及其他亚洲国家、穿越撒哈拉沙漠贩卖至地中海地区、跨越大西洋销往美洲（包括拉丁美洲和北美洲）。纵观非洲奴隶贸易的发展过程，大致可以分为三个阶段：15世纪中叶至17世纪中叶为第一阶段，该阶段的奴隶贸易主要被西班牙、葡萄牙、丹麦、荷兰等国垄断；17 世界中叶至 18 世纪末为第二阶段，在这个时期内，由于美洲农业种植园的爆发式发展，使该阶段成为大西洋奴隶贸易的高潮时期；随着 18 世纪末欧洲废奴运动的兴起，大西洋奴隶贸易进入了第三阶段。

1802 年，丹麦海军被英国打败，其海上力量自此逐渐走弱，因此丹麦率先于 19 世纪初期开始倡议禁止大西洋奴隶贸易，并于 1803 年废除了在自己领地里的黑奴贸易。而英国则是世界上第一个禁止非洲奴隶贸易的大国。英国废奴运动开始有组织、有系统地开展起来，是在 1787 年伦敦成立"废除非洲奴隶贸易协会"之后。直到 1806 年，英国议会才通过法令，禁止英国奴隶贩子把奴隶运到外国殖民地和美洲各国，还禁止从英国的港口发出外国的奴隶船。同年 6 月，英国议会通过了"废除奴隶贩卖法案"，该法案宣布从 1807 年 1 月 1 日起，绝对禁止非洲奴隶贸易，绝对禁止以任何其他方式买卖、交换与运输奴隶和那些准备在非洲海岸或非洲任何地区出售、运输或作为奴隶使用的人，绝对禁止把上述人输进和输出非洲，上述活动均宣布为非法，英国从此彻底禁止了黑奴贸易。

随后是 1815 年欧洲列强在奥地利召开的"意义非凡"的维也纳会议，法国和英国签订协议，英国同意法国在五年之内还可继续从非洲输出奴隶，但法国同时支持英国在维也纳会议上提出的禁止黑奴贸易的建议。这种有关废除奴隶制度的拉锯战式讨论，几乎一直持续到"二战"后非洲殖民地的解放。1807 年，英国的"废除奴隶贩卖法案"虽然杜绝了贩奴问题，但奴隶制依然存在。19 世纪 20 年代，废奴运动又开始变得活跃起来。1827 年，反奴隶制协会成立，其终极目标则是全面废除奴隶制。

1833 年 8 月 23 日，英国议会通过"废奴法案"，规定禁止在大英帝国内实行奴隶制，大英帝国下的所有奴隶全部解放，但 1834 年至 1838 年作为适应期。

从 1839 年开始，在英国政府及其他地方性反奴隶制协会共同努力下，全球掀起了禁止奴隶买卖以及废除奴隶制度的高潮。1831 年底，法国的路易·菲利浦（Louis Philippe Ier，1773—1850）政府同英国签订了一个禁止法国国民从事黑奴贸易和以直接或间接的方式参与黑奴贸易的条约，但最后在 1843 年又反悔，并以"自由劳工移民"的名义恢复了黑奴贸易，直到 1861 年才结束黑奴贸易。1813 年瑞典禁止黑奴贸易；1814年荷兰禁止贩卖非洲人；葡萄牙在获得英国两次补偿费的前提下，分别于 1815 年和 1842 年禁止自己的臣民在赤道以北和赤道以北地区的非洲地区从事黑奴贸易；西班牙人效仿葡萄牙人，分别于 1817 年和 1835 年禁止自己的臣民在赤道以北和赤道以南的非洲地区从事奴隶买卖活动，前提是获得英国巨额补偿费；1837 年墨西哥也废除了奴隶制；1839 年乌拉圭和智利都在黑奴贸易可疑检查权条约上签字，禁止了黑奴贸易。1862 年林肯颁布《解放黑人奴隶宣言》后，基本结束了美国的奴隶制度，从此黑奴贸易明显衰退；19 世纪 80 年代，美洲输入奴隶最多的古巴和巴西也相继宣布禁止奴隶贸易和解放奴隶的法令，废除了奴隶制度。1889—1890 年的布鲁塞尔会议通过了禁止黑人奴隶贸易的总决议书，标志着黑人奴隶贸易在世界范围内基本结束。

在人类社会的发展历史上，由于社会生产力和分工的发展，劳动生产率的提高，劳动者能够生产剩余产品，从而使奴役他人变为有利可图的事，因此原始社会瓦解后便出现人剥削人的社会，人类历史上第一个人剥削人的形式，即奴隶占有制。在奴隶社会中，奴隶主在经济和上层建筑居于主导地位，奴隶占有制生产方式决定着整个社会的基本发展方向。奴隶社会最早出现于古埃及、西亚和印度，继而在希腊和意大利等地出现。

欧洲出现奴隶社会的时间相对较晚，大致在中世纪晚期，直到20世纪初期，奴隶社会才"在理论上"从国际社会的政治体制中消失。以毛里塔尼亚为例，该国是世界上最后一个废除奴隶制的国家，曾经多次宣布废除奴隶制度，但时至今日，其奴隶人数仍占总人口数的10%～20%，有相当一部分来自奴隶家庭的人支持奴隶制的存在，他们认为保留祖制、继承奴隶制才是解放奴隶的正确道路。

在欧洲人眼里，严格意义上的黑人奴隶就如同一件物品，不仅可以随意买卖，而且奴隶主可以迫使其从事生产劳动，迫使其离开自己的故土与父母家人，毫无自由、人格、人权、自主可言，包括身体和器官在内的所有一切完全属于主人。以奴隶主占有奴隶的人身、实行超经济奴役为主要特征。而自由契约工①则与之不同，奴隶主或庄园主可以对其打骂、役使并强迫其劳动，却必须与之签订劳动契约，契约责任是以自由同意为基础的。我们在类比和推理的基础上，创造出一个经常使用的惯用表达"像奴隶一样工作"，而事实上就是人对人的劳动剥削。

---

① 自由契约工亦称白人契约工、契约奴、白奴，是17—18世纪出现在英属北美殖民地的一种被役使的白人劳动力，多为英国与欧洲大陆的劳苦大众，或因贫困、或因犯罪、或因政治宗教、或因受殖民当局的诱骗等原因，前往北美洲寻找更好的机会。但由于各种原因被迫与雇主订立契约，出卖自己的劳动力。

在古代，奴隶是生产生活的重要组成部分，奴隶身份从不可能通过肤色决定。在古希腊，只要是没有希腊身份的人，都被认为是"野蛮人""未开化的人"，因此可能被贬为奴隶。正当古希腊人把本国人贬为奴隶时，古罗马人却把部分希腊人视同奴隶。但更多的时候，古罗马人从帝国的边界地区掳掠奴隶，如北欧地区的日耳曼人、巴尔干半岛的色雷斯人（les Thraces）、地中海东部沿岸的近东人以及偏远的北部草原上的游牧民族等，这个时期绝大多数奴隶都是源自北欧的白人。

公元前 5 世纪，柏拉图（Platon，公元前 427—前 347）曾指出，蛮族人（非希腊人）是古希腊人的天敌。亚里士多德（Aristote，公元前384—公元前 322）随后受其启发，成为第一个使用希腊以外的人作为奴隶的奴隶主。因为他认为一部分人统治另外一部分人是理所当然的，有人生来就是被征服、被统治的。亚里士多德觉得北欧蛮族人缺乏技能，智力相对低下，而且缺乏亚洲人的精神，所以不该获得自由，天生应该成为奴隶。[①] 同样的道理，在阿拉伯穆斯林看来，所有的异教徒（意指非伊斯兰教徒）如同古希腊人眼里的蛮族人一样，应该成为奴隶。西方国家对待非本教教徒的做法与阿拉伯人截然相反，路易十四（Louis XIV，1638—1715）在 1685 年颁布的《黑人法典》中规定，允许法国贵族在所有殖民地雇用黑人帮佣做工，明文禁止贩卖奴隶，禁止拆散夫妻和禁止强行使父母同幼年的子女分离，同时鼓励为非天主教徒的黑人奴隶洗礼，规劝他们皈依天主教。

其实在《圣经》和《古兰经》中都没有歧视黑人的任何条款内容，

---

① 亚里士多德.政治学，第一卷，第 2、第 4、第 6 章。

历史上肤色歧视的种族主义思潮出现得很晚。这种歧视现象是由一位基督教注解者在 3 世纪前后注解《圣经》时导致的，9 世纪时被一位阿拉伯学者再次提及。该说法在基督教国家以"含的传说"流传甚广。《圣经》中记载，拉麦（Lamech）的儿子诺亚（Noé）生有三个儿子，分别叫含（Cham）、闪（Shem）、雅弗（Japheth）。在诺亚时代的洪水之后，世界上的人类都是这三个人的后代。很多人认为闪是亚洲人的祖先，含是非洲人和亚述人的祖先，雅弗是欧洲人的祖先。

　　传说诺亚因喝醉了酒，在帐篷里光着身子，被含看见，并到外边告诉他两个弟兄。而按这里记载，若为人子者看见父亲赤身露体的羞耻而置之不理，则有失孝敬之道且应受到诅咒。因此当诺亚醒酒后，知道儿子对他的所作所为，就说："迦南（Canaan，含的小儿子）当受诅咒，必给他弟兄作奴仆。"经文自此戛然而止，并未像注解者所注释的那样，诅咒含的后代成为黑人。不过《圣经》中随后增加了一系列故事，其中讲到含违反了诺亚禁止在方舟上做爱的规定，并在此期间生下了他的另外一个儿子古实（Chus）。于是上帝诅咒含的后代永为黑人，从此诞生了埃塞俄比亚人和所有的非洲黑人。这个故事 16 世纪被转录到欧洲，18 世纪开始广为流传[1]。19 世纪初，欧洲天主教殖民者为掩盖其罪恶的奴

---

[1]　关于这个传说，有纪尧姆·波斯特尔（Guillaume Postel，1510—1581）1561 年撰写的文章《有关黑人和美洲人起源的评注》（*Remarques sur le mémoire touchant l'origine des nègres et des Américains*），后被路易斯·萨拉-莫林斯（Louis Sala-Molins）引用在其著作中。路易斯·萨拉-莫林斯. 黑人法典：迦南受难记 [M]. 巴黎：法国大学出版社，1987 年，第 30 页。（Louis Sala-Molins. *Le Code noir, ou le calvaire de Canaan*. Paris：PUF, 1987, p. 30.）

隶贸易，开始引用该故事为其开脱罪名[①]。20 世纪 70 年代初，该观点被收录进拉鲁斯小词典，供学生查阅使用。

---

① 皮埃尔·夏尔. 黑人：含的诅咒 [J]. 新神学评论，第 55 卷，第 721—739 页，1928 年（Pierre Charles. *Les Noirs, fils de Cham le maudit*. Nouvelle Revue théologique, 1928, t. LV, PP. 721—739）；皮埃尔·夏尔. 种族主义思想史 [J]. 新神学评论，第 66 卷，第 131—156 页，1939 年（Pierre Charles. *Les antécédents de l'idéologie raciste*. ibid., 1939, t. LXVI, pp. 131—156）。

黑奴贸易

　　非洲的黑奴贸易最早可以追溯到公元652年，阿拉伯帝国与非洲东北部努比亚人之间的交易。时任阿拉伯帝国军事首领的阿卜杜拉·本赛德（Abdfallah ben Sayd）在入侵努比亚地区后，要求各部落每年向其上交360名奴隶[①]。自公元10世纪或公元11世纪开始，在非洲最大的穆斯林帝国——苏丹帝国，数以百万计的黑人被贩卖至地中海地区和印度洋地区。穆斯林不仅把黑人看作异教徒，还把他们视为劣等民族。阿拉伯语中的"奴隶"一词用"阿比德"（abid）指代，

---

① 弗朗索瓦·雷诺. 中世纪时期近东的奴隶贸易 [M]. 巴黎：热特内出版社，1989年，第11—29页。（François Renault. *La Traite des Noirs au Proche-Orient médiéval, VIIe-XIVe siècle.* Paris：Geuthner, 1989, pp. 11—29.）

意为黑色；另外一个阿拉伯语词汇"津芝"（Zenj）则是中世纪阿拉伯地理学家对斯瓦希里海岸黑人的称呼，也是野蛮的代名词。

公元 8—9 世纪，地中海阿拉伯国家的文学作品，总是把黑皮肤与具有负面特质的东西关联起来，如难闻的气味、丑陋的外貌、放纵的性行为、野蛮、虚弱等。男性黑奴通常被用于耕作土地、开采矿山，也有奴隶被迫充军、阉割为宦；数不胜数的女性黑奴则沦为奴隶主的嫔妃或女佣。11 世纪的一篇文章把努比亚女奴的生活描述得非常优雅、轻松且舒适；而埃塞俄比亚的女奴尽管很优雅，却弱不禁风；斯瓦希里沿岸的女奴不仅丑陋，而且脾气古怪；扎格哈瓦（les Zaghawa）女奴则是所有黑奴中最差的。[①] 为避免黑人奴隶与阿拉伯本土人通婚而造成人种同化，许多男性黑奴一出生就被阉割。即便如此，黑人与阿拉伯人通婚的现象仍然很常见，他们的混血子女在外貌上并没有明显不同，却很难融入阿拉伯人的主流群体。

① 伊本·巴特兰. 伊斯兰国家的种族与肤色 [M]. 贝尔纳·路易斯译，巴黎：帕约出版集团，1982 年，第 140—147 页。（Ibn Butlan. traduit in Bernard Lewis. *Race et couleur en pays d'islam*. Paris：Payot, 1982, pp. 140—147）

18世纪非洲奴隶贸易线路图

"尼罗河南部地区住着一个黑人部落，他们全部都是异教徒……他们大部分人都作为商品，被卖往北非地区。这里的人没有自己的文明，纵然我们可以把他们看作人类，但与人类相比，他们更像是一种会说话的动物……"①伊本·赫勒敦这段对非洲黑人土著真实现状的描述，并没有蔑视苏丹西部原住民的意思，但无意间却显露出他的优越姿态。1375年，阿拉贡亲王（即前文提到过的亚伯拉罕·克莱斯克）赠送给法王查理五世的《加泰罗尼亚地图集》也曾记载了非洲人的生活，但作者却是通过历史概要的方式描述。在《加泰罗尼亚地图集》中，克莱斯克记载了图阿雷格商人的驼队穿越西撒哈拉沙漠、俾格米人裸体骑长颈鹿、黑人国王康康·穆萨炫富耀权等场景。由此可见，因社会身份地位不同，阿拉伯人所描绘的场景同其他国家的史学家记载的视角也会略有不同。

自16世纪起，葡萄牙人加入大西洋上的奴隶贸易。这个时期的奴隶买卖存在两种形式：在北大西洋，葡萄牙人效仿英国和法国，实行利润惊人的"三角贸易"。欧洲奴隶贩子从本国出发装载盐、劣质布匹、武器和朗姆酒等，抵达非洲西海岸后，在非洲换成奴隶，沿着所谓的"中央航路"②通过大西洋，在安的列斯群岛（les Antilles）或美洲登陆，换成糖、烟草和稻米、金银及工业原料返航。自16世纪初至19世纪中期，葡萄牙殖民者通过这条黑色贸易圈，把几乎一半的奴隶从安哥拉海岸和

---

① 伊本·赫勒敦. 论普遍历史观（第 1 辑）[M]. 联合国教科文组织，1967—1968年，第 118—119 页（1997 年再版）（Ibn Khaldûn. *Al-Muqaddima, Discours sur l'Histoire universelle*, vol. 1. Paris：UNESCO，1967—1968, pp. 118—119. Rééd. Actes Sud, Arles, 1997.）。

② 即横渡大西洋。

莫桑比克海岸运送至巴西。1815 年之后，英国扮演了大西洋海上警察的角色，葡萄牙人疯狂的"三角贸易"有所收敛。但在英国默许下，葡萄牙在赤道以南非洲的奴隶贸易一直持续到 19 世纪 40 年代，而巴西直到 19 世纪 50 年代才禁止买卖奴隶。

　　而在陆地上，欧洲奴隶贩子加入到最古老的贸易路线上来——穿越撒哈拉沙漠，经过中部非洲，抵达亚洲沿海国家。谈起非洲的奴隶贸易史，我们的目光往往被"三角贸易"吸引，而令人意想不到的是，紧随大西洋奴隶贸易路线之后，穿越撒哈拉沙漠的商贸路线竟然再次被打通，许多黑人奴隶被送往非洲东海岸，被贩卖至印度洋沿岸国家。事实上，以非洲大陆为起点，通向世界各地的奴隶贸易路线在 19 世纪经历了令人难以置信地扩张[1]。

---

①　美国历史学家玛西娅·赖特（Marcia Wright）收集了"二战"时期在非洲活动的新教徒的一些资料，详细记述了他们在现今坦桑尼亚边境保护黑人女奴免遭逮捕贩卖的情景。

种植园奴隶制

非洲的甘蔗是从东地中海地区传来的，有史料记载的黑人奴隶反抗斗争，就发生在阿拉伯人的甘蔗种植园，最早的一次在公元 7 世纪。规模最大的一次反抗斗争出现在 9 世纪两河流域[①]的美索不达米亚（Basse-Mésopotamie，今伊拉克境内），这次抗争始于公元 869 年，直至公元 883 年才被镇压，被迫害的奴隶多达 50 万人以上[②]。

葡萄牙人在逶迤曲折的非洲西海岸沿岸及大西洋岛屿引进大量经济作物，尤其是加那利群岛（les Canaries）、圣多美和普林西比岛以及贝宁湾，在欧

[①] 底格里斯河与幼发拉底河的中下游地区。

[②] 亚历山大·波波维奇. 3—9 世纪时期的伊拉克奴隶反抗斗争 [M]. 巴黎：热特内出版社，1976 年。

洲殖民者到来之前，这里曾是一片荒芜。葡萄牙殖民者利用从非洲掠夺来的黄金，大肆购买西非沿岸的奴隶，源源不断地运往这些荒岛从事种植园的开发与种植。自此广袤的非洲大陆上的黑人不再是"人"了，而是作为从事生产劳动的工具被贩卖。在殖民者残酷的虐待下，来到圣多美岛上的黑奴几乎没有能活着回去的。据统计，在1506年，在这座死亡之岛上大概有2000人。而到了1540年，圣多美岛上从事甘蔗种植的来自尼日尔河三角洲的刚果地区的奴隶数量达到了五六千人。但早在1530年至1536年间，黑人奴隶就在此爆发过一次反抗斗争，也正是从那时起，西方兴起"黑人为劣等人种"的理论。

17世纪中期，随着葡萄牙殖民者在非洲西部沿岸取得成功，他们逐渐把甘蔗种植园转向巴西的奴隶种植园。18世纪初，奴隶种植园主要集中在英属西印度群岛（les Antilles britanniques）的牙买加和巴巴多斯（la Barbade），随后扩张到法属圣多明各（Saint-Domingue）、马提尼克（la Martinique）和瓜德罗普（la Guadeloupe）等岛屿，其中圣多明各后来成为蔗糖和咖啡的主要产地。在法国大革命期间，拉丁美洲殖民地的奴隶在杜桑·卢维杜尔[1]（Toussaint Louverture, 1743—1803）的领导下，于1790年10月在海地北部爆发由自由黑人和混血人发动的反对法国殖民统治的武装起义。1794年，迫使法国签署公约，废除圣多明各岛的奴隶制度。1802年，拿破仑宣布恢复该岛奴隶制度的政策引起了当地黑人的愤怒与反抗。1803年，法军被殖民地起义军队击败，

---

[1]　拉丁美洲独立运动的早期领袖、伟大的革命家和军事家，海地共和国的缔造者之一。

被迫投降，随后于 1804 年成立了世界上第一个现代黑人国家——海地。

18 世纪末，古巴接手殖民国家的甘蔗种植，并成为奴隶种植园数量最多的甘蔗种植中心。与其相邻的北美弗吉尼亚州，则成为英国殖民者最大的烟草种植基地。19 世纪初，独立之后的美国在南部各州大面积种植棉花。英国工业革命后，美国的棉花种植园为蓬勃发展的纺织行业提供了充裕的原料。

17 世纪至 18 世纪时期，殖民主义同以建立金银储备和贸易顺差为基础的重商主义和使用从西非输入奴隶劳动的甘蔗种植园相结合，欧洲殖民者的目标都从蔗糖、奴隶和工业制品的贸易体系中榨取利润。因此可以说种植园奴隶制为西方国家实现了资本的原始积累，也为 19 世纪西方国家迈入新兴工业资本主义社会奠定了必要的物质基础。由此可见，任何情况下我们都不能认为奴隶体制和资本主义体制之间是不可调和的。尽管经济史学家谈论的话题总绕不开奴隶体制的贡献，但无论从哪个层面来看，奴隶体制对人类社会历史发展的贡献确实功不可没。

反对奴隶贸易及废奴

　　阿拉伯穆斯林们的奴隶可以是各种肤色的人，而大西洋奴隶贸易中的奴隶却毫无例外的全部是黑人，自此黑人就成了奴隶的代名词。1685 年，路易十四颁布的《黑人法典》赋予了种植园的黑人奴隶诸多人权，决定了法国殖民地黑人奴隶的命运。1724 年，法属西印度群岛、留尼旺（la Réunion）及路易斯安那州相继废除该法典。

　　实际上，欧洲殖民者颁布各种法令限制黑人奴隶的权利：白人与黑人禁止结婚，而且禁止自由劳工和奴隶之间通婚，否则会受到惩罚；奴隶的子孙后代仍然为奴，即使只有母亲为奴隶，孩子出生后也必须是母亲主人的奴隶；奴隶之间禁止聚会，违反本规则的情况下，奴隶的主人需要承担责任；奴隶的一切全部归其主人所有，不能拥有任何财物；未经主人允许的情况下，奴隶不能随意出行；不能担任任何官职，亦不能出庭作证。然而，奴隶主对奴隶也需要承担一定的责任：奴隶主必须担负奴隶的衣食住行与生老病死。同时，奴隶倘若袭击其主人，则会被处死。简而言之，奴隶虽然有自己的灵魂，但在奴隶主眼里，只是一种财产、一件物品。主人可以随时把他们捆绑起来，用棍棒或皮鞭殴打，直至死亡才能体现出他们的全部价值。

英国是工业革命的发源地，也是最早兴起废奴运动的国家。英国政府之所以意欲结束奴隶制度，主要是两个方面的原因导致的：一方面是建立在工资制基础上的工业资本主义的兴起；另一方面，受启蒙运动中"人道主义"思潮影响而产生的"慈善"运动的兴起。英国废奴运动在 1772 年"萨默塞特案"判决中达到顶点。詹姆斯·萨默塞特（James Somerset）是一个被贩卖到伦敦的奴隶，后来潜逃了，他的主人走上法庭索要他。主持这个裁判的是曼斯菲尔德大法官（1st Earl of Mansfield, 1705—1793），他拒绝了萨默塞特主人的请求。他宣判的理由是：按照已制定的法律规则，在英格兰地盘上的每个人都是自由的。该审判成为后来相关案例的法律判例，为英国进一步废奴提供了法律依据。1807 年 3 月 25 日，在废奴主义者的努力下，英国议会通过了废除奴隶贸易法案，这不仅是各方努力的结果，而且也表明各方的心态正在发生变化。

19 世纪，随着生物种族主义的发展，人们试图用科学理论"证明"

人种的平等性。所以黑人被认为是劣等种族，这种观念致使黑人再次成为被伤害的对象。① 在法属殖民地有两种制度并存：一种是在法属西印度群岛和留尼旺实行的传统奴隶制，一直持续到 1848 年（由于法国大革命时期，马提尼克岛于 1794 年至 1802 年被英国占领期间暂时废除了奴隶制）；另一种是 1830 年在阿尔及利亚实施的"新殖民帝国"。对非洲和西印度群岛的黑人来说，所谓的"新殖民帝国"，即在 19 世纪末，法国在遭遇非洲大陆内部的顽强反抗之后，对其殖民扩张主义政策的一种调整。

大西洋奴隶贸易不仅没有真正结束，而且远没有结束的迹象。进入 19 世纪以后，欧洲国家已经不是以抢占商品原料市场和劳动力为主，扩张方式转向商品输出，不需要太多劳动力，需要的是扩大消费市场。同时，随着科技的进步，欧洲的武器装备与制作技术不断革新。但是，自 1815 年之后，维也纳体系下的欧洲处于和平状态，致使各种先进的武器毫无用武之地，于是这些"没用"的武器就被欧洲人作为商品进行出售［尤其是比利时的工业城市列日（Liège），后来成为武器交易的中心城市］，卖往地中海地区的阿拉伯伊斯兰国家。

1869 年，苏伊士运河开通之后，地中海与红海之间建立起直接联系，环绕非洲的海上航线大大缩短。但同时，苏伊士运河也使得奴隶贸易路线由大西洋转往印度洋地区。19 世纪时，雄踞非洲东海岸的桑给巴尔苏丹国，控制了从阿拉伯南部阿曼国至莫桑比克岛的海上贸易路线，成为

---

① 凯瑟琳·科克里-维德罗维什.白人优越与黑人劣等的假想 // 马克·费罗编著.殖民主义的黑皮书 [M].巴黎：罗贝尔拉封出版社，2003 年，第 646—685 页。

当时全球最大的奴隶市场。在印度洋地区的奴隶贸易交易中，阿拉伯人、

印度人和斯瓦希里人都是主要的参与者。

奴隶贸易对非洲的影响

　　非洲的奴隶贸易对非洲的人口数量和人口结构造成了极大的影响。关于奴隶贸易运出和损失的非洲人的数量问题，专家们尚没有得出一致的结论。由于奴隶贸易延续的时间很长，地域分布又很广，加上缺乏文字记载和统计资料，给统计奴隶输出的数字造成了很大的困难。在计算奴隶输出的数字时，还应包括由于这项贸易而造成的人口损失在内，即在非洲猎捕奴隶和在大陆及海上运送途中奴隶的死亡数字，这就更缺乏具体的资料了。

　　世界各国许多历史学家对非洲奴隶贸易，特别是大西洋奴隶贸易从非洲输出黑奴的数量，根据各自的分析，做出了各种不同的估计。他们有的根据在美洲登陆的奴隶数量统计（菲利普·柯廷，Philip Curtin），有的以从非洲装上船的黑奴数量来统计（保罗·洛夫乔伊，Paul Lovejoy），有的依照货物的总数量和轮船的平均负载量统计。最后得出的比较一致的结果是：在不到两个世纪的时间里，约有1100万奴隶被贩卖至北美和加勒比海地区；其中奴隶贸易鼎盛的时期是1760年至1840年，尽管在此期间许多国家通过了禁止奴隶贸易的法令，但追求暴利的欲望使奴隶贸易实际上并未终止，走私贸易随之猖獗起来。在这1100万人中，葡萄牙人贩卖了460万人，英国人贩卖了260万人，西班牙人贩卖了160万人，法国人贩卖了120万人；仅18世纪就有480万黑人被贩卖（几乎占了贩卖黑人奴隶总量的一半）；1801年至1866年间，约有260万黑人被直接运往巴西，约占同期贩卖黑人总数量的30%。

这些数据均不包含其他地区的奴隶贸易，而且一些历史学家认为这些数据仍有待进一步考证。从公元10世纪至20世纪的1000年里，约有500万到1000万奴隶通过撒哈拉沙漠被卖到地中海地区[①]，其中有150万人死于气候恶劣的大沙漠中。横贯撒哈拉沙漠的奴隶贸易经历了两个高峰期：12世纪至15世纪苏丹西部的各大帝国时期和19世纪西非的伊斯兰圣战时期。而印度洋奴隶贸易的数字更少（500万或600万左右），但更加难以确定。与非洲其他国家不同的是，19世纪时期的桑给巴尔岛和东非沿岸奴隶制国家，普遍采用美洲的种植园奴隶制。

那么，每成功贩卖一个奴隶到达目的地，到底有多少个黑人会死于

---

① 约翰·赖特. 横贯撒哈拉的奴隶贸易 [M]. 纽约 / 伦敦：劳特利奇出版社，2007年。（John Wright. *The Trans-Saharan Slave Trade*. Londres/New York：Routledge, 2007.）

捕捉和陆海运送途中呢？这是几乎无法计算的。史学家们初步推算，他们之间的比例至少是1∶5。由此可见，在长达10个世纪的横贯撒哈拉奴隶贸易中，至少有5000万黑人失去生命，也可能更多。不过谁知道呢？从长远来看，对非洲产生的消极后果是无法逆转的。一个普遍被人接受的事实是，自16世纪初至19世纪末，欧洲、亚洲的人口都有较大幅度的增长，非洲大陆是世界上唯一在此400年内人口还没有增长的地区。

科学家们对非洲大陆的区域性研究可能会给我们带来更加清晰的认识。研究发现，阿拉伯伊斯兰国家更青睐掳掠女性奴隶（男女奴隶的数量达到1∶2），而大西洋线路的奴隶贸易正好相反——被贩卖到美洲地区的男性奴隶数量是女性的2倍，主要是由于美洲的种植园奴隶制造成的。据统计，即使在奴隶买卖的高峰期，每年被贩卖至印度洋地区的奴隶不过4万人，而大西洋线路每年最多不超过6万人，这个数量远不至于影响到非洲大陆人口的总体增长趋势。

那么到底是什么原因致使非洲大陆人口的停滞不前呢？其实是由于非洲本土的生育率整体下降导致的。造成该局面的原因是在非洲的某些历史阶段，尤其是奴隶贸易的高峰期——18世纪，欧洲殖民者在奴隶贸易方面表现出极大的活力，疯狂地买卖那些身强体壮且繁殖力强的黑人，从而导致非洲本土人口性别与人口结构出现严重的不平衡性。

非洲大陆内部的一些独立国家和黑人部落会向殖民者出售奴隶，但他们一般不会直接售卖自己的奴隶，而是把在战争中俘获的战俘作为奴隶出售。换句话说，一些非洲沿岸的王国和部落为获得从欧洲运来的枪支、纺织品、酒及其他一些廉价物品甚至一些奢侈品，逐渐发展成了专业的猎奴部落。猎奴部落深入非洲内陆去猎取黑人，进而这些猎奴王国和部落的上层人物也开始变得富有。一开始贩卖男奴较多，价格也比女奴贵，后来对女奴的需求开始增多，并且价格上开始超过男奴。最终形成了一种恶性循环，导致非洲大陆人口的不均衡分布。比如在大陆核心地带的卢旺达，其人口就极为密集，而在位于西非的加蓬，由于黑人部落之间相互掳掠，则人烟极为稀少。另外一个例子就是当今的尼日利亚联邦共和国，该国位于非洲几内亚湾西岸的顶点。由于这里地理位置优越，曾在很长一段时期内都是人丁兴旺，因此该国各部落之间相互抓捕奴隶出售的现象也非常严重。同样，由于东非高原地带的原始部落之间持续不断地相互袭击，造成现在该地区广袤的土地上荒无人烟。总而言之，非洲的黑奴贸易给非洲大陆造成了永久的、深刻的影响与创伤。

自 18 世纪末期，这种影响与创伤开始逐渐体现出来。如同其他前工业化社会一样，非洲社会经历了旷世持久的奴隶制度。与某些人类学家的描述所不同的是，非洲的奴隶既不温顺，也不是那么容易驯养，而是市场需求引起了奴隶贸易的热潮，这种热潮致使非洲大陆内部国家及部落之间相互袭击。与此同时，随着大西洋贸易线路的关闭与封锁，非洲大陆内部使用奴隶的范围进一步扩大。欧洲殖民者大范围地使用奴隶增强军队战斗力，并从事繁重的生产劳动。19 世纪末期，有一半的非洲人沦为奴隶，远比 18 世纪贩卖至其他地区的奴隶数量多。但一个奇怪的现象是，正是在这个时期，那些曾经帮助欧洲殖民者从事大西洋奴隶买卖的非洲人，激烈反对奴隶贸易以及奴隶制度。

在非洲大陆以外地区，长期的奴隶制和对黑人的种族歧视，也在非洲历史上留下了深深的印迹。很久以来，人们很忌讳谈及人类历史上的这段黑暗历史，昔日罪行也不再被提及，似乎只要不提，就会抹平一切印迹，奴隶成为历史进程中的受害者。但自 2000 年以来，法国学界逐渐加强了这方面的研究。在法国的影响下，欧洲、阿拉伯以及非洲的黑人后裔，乃至大洋彼岸的非洲和加勒比地区的黑人奴隶后裔却以庶民的方式重新构建这段历史。

在重新认识欧洲殖民者在加勒比地区推行奴隶制历史的浪潮中，历史学家、黑奴后裔、文艺界各种力量渐渐汇聚。1998 年 12 月，来自法属安的列斯群岛的女议员克里斯蒂安娜·托比拉（loi Taubira），第一次向参议院提交了《托比拉法案》初稿。2001 年法案通过，法国有史以来第一次承认：奴隶制和奴隶买卖是"反人道主义罪行"。当然，在漫长的修改和审议过程中，定稿和初稿之间许多文字已经面目全非，敏感的要求（"赔偿"与"道歉"）也消失得无影无踪，但是《托比拉法案》仍然让来自法国前殖民地的公众"流下悲喜交集的泪水"。下一步，来自加勒比地区的非洲裔法国公民，敦促法国政府修订学校课程，"让法国的年轻一代学习奴隶制和贩奴运动的来龙去脉"。

其实《托比拉法案》并非首创。早在 1781 年，法国哲学家孔多塞（Nicolas de Condorcet，1743—1794）为了进一步研究黑人问题，发表了《致黑人奴隶的诗体献辞》（*Réflexions sur l'esclavage des Nègres*），他在献词中写到"使人沦为奴隶、购买和出售奴隶以及拥有奴隶，都是真正的犯罪行为……要么认可这个观点，否则就是没有道德的表现……该观点没有任何玷污这种犯罪的意思……该观点是所有男人都认可的观点……因为犯罪始终是犯罪，是不可否认的"。

第八章

19 世纪的非洲独立运动

对于撒哈拉以南地区的非洲人来说，19 世纪是一个极其动荡的世纪，这个世纪发生的一切都和行将结束的殖民有关。除南非和埃塞俄比亚以外，几乎整个非洲大陆仍然处于欧洲列强的殖民统治之下。

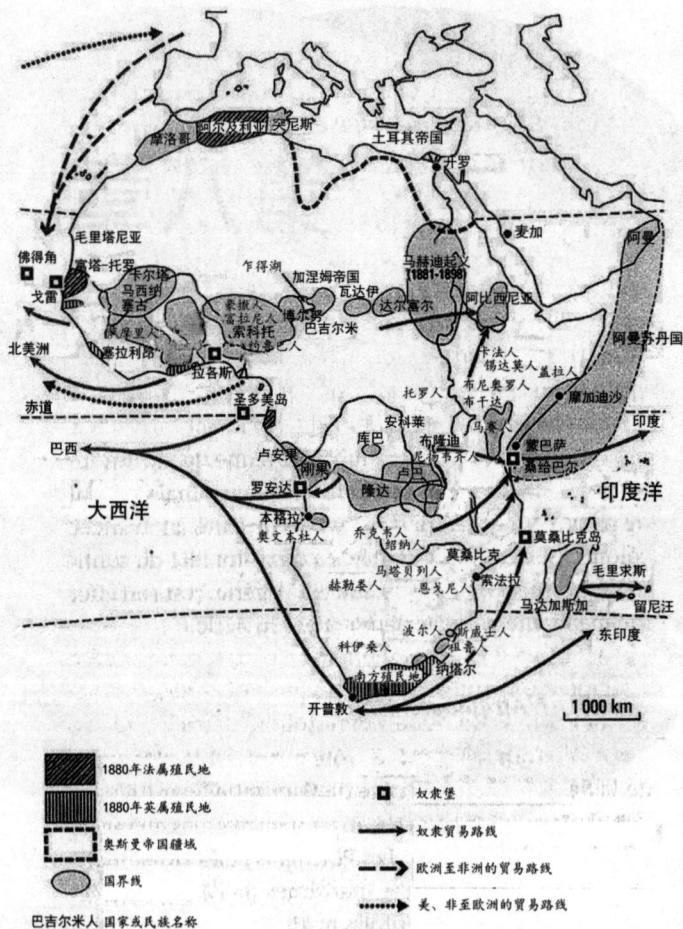

18—19世纪时期的非洲政治版图

西非

从塞内冈比亚（la Sénégambie）到今天的纳米比亚的整个非洲西海岸，所有的民族都与来自大西洋的外国人有往来。自 16 世纪或 17 世纪起，当时的海上强国葡萄牙和荷兰在整个西非沿海地区都设立了大量的奴隶交易据点（奴隶堡）和要塞，最主要的有黄金海岸的埃尔米纳奴隶堡、今安哥拉境内的罗安达港口、塞内加尔的维德角半岛（Presqu'ile du Cap Vert）和戈雷岛奴隶堡（l'île de Gorée）、尼日利亚的拉各斯奴隶堡（Lagos）、南非的开普敦 ① （Le Cap）等。自 17 世纪起，法国与英国殖民者模仿葡萄牙、荷兰的做法，开始在非洲西海岸建立据点。1626 年法国人入

---

① 荷兰东印度公司往返于荷兰与印度尼西亚的中转站。

165

侵塞内加尔河河口的圣路易（Saint-Louis）和戈雷岛，并建立法属塞内加尔代理公司；1662 年，英国人分别从荷兰人和葡萄牙人手里夺取了海岸角奴隶堡（Cape Coast）和拉格斯奴隶堡。

在葡萄牙殖民者到来之后，他们惊奇地发现，许多西非小王国的首都或首邑井然有序。如贝宁的约鲁巴王国，位于南来北往（萨赫勒 - 苏丹至南方热带雨林地区）的必经之路上，属于最为都市化的非洲王国；贝宁城则以 16 世纪贝宁王宫中的微浮雕和青铜雕像而闻名于世，最负盛名的是 12 世纪、13 世纪时伊费国王的青铜头像①。1483 年，葡萄牙人来到安哥拉北部刚果王国，时任国王恩辛加·库武（Nzinga Nkuwu）抓住"商机"，与葡萄牙人建立往来关系，并于 1491 年带领他的臣民们皈依了天主教。直至 18 世纪初期，刚果王国仍把天主教作为唯一的宗教信仰。在刚果王国时期，也曾有一位女英雄——金巴·维塔（Kimba Vita），被称为"刚果的贝阿特里斯"（Béatrice du Congo），率领刚果人民奋起反抗葡萄牙人的统治，但是最终在传教士的蛊惑下，国王把她作为异教徒烧死了。

自大西洋奴隶贸易规模急剧扩大之后，非洲各个王国和部落的领导人却不知道如何面对欧洲殖民者——到底是助纣为虐还是婉言谢绝呢？19 世纪，当见证了欧洲殖民者与奴隶贩子的残暴与血腥之后，几乎所有的王国和部落最终做出了明智的选择：拒绝向欧洲殖民者出售自己的臣民为奴。同时，他们弄清其中的利害关系并调整策略后，很快适应了新

---

① 12—16 世纪贝宁伊费人的青铜雕塑与公元前 500 年到公元前 200 年间的诺克人的赤陶雕塑存在诸多相似之处，因此它们之间的血统问题仍然是尚待解决的谜团。

市场发展的需求。

　　一系列在17世纪末发展起来的黑人小王国，在19世纪经历了发展的高峰期，但当大西洋奴隶贸易结束之后，它们也随即开始衰落。最有名的要数阿波美王国（今贝宁南部）、阿散蒂王国（le royaume achanti，今加纳中部）以及埃维沿岸和尼日尔河三角洲的众多小城邦国家。除此之外，还包括独立的联合国家，它们出现于17世纪末，在1760年至1840年间达到鼎盛，之后于19世纪后半期开始衰落。所有这些非洲黑人王国与国家的兴衰过程几乎完全与大西洋奴隶贸易的兴衰时间相吻合，而且与巴西和加勒比地区的甘蔗种植园的扩张时期完全一致。这种现象绝非偶然。这说明至少在19世纪上半叶以前，非洲的许多王国与部落曾经与欧洲殖民者保持着紧密联系，并在国际市场中占据主导地位，所以它们一荣俱荣，一损俱损。

　　最有力的证据就是阿波美王国的兴衰史。阿波美王国又称达荷美王国，位于贝宁南部，曾是西非海岸以贩卖奴隶而繁荣一时的强大王国。阿波美王国属于丰族人，使用丰族语，是高度集权的国家，国王通过长期战争加强了王权，而且国王不受任何政治集团的牵制或控制，拥有一切最高权力。该王国是一个半军半商半农的国家，每到旱季，各个下属城邦的首领在君主的命令下，带领军队前往边界抓捕战俘并掳为奴隶，国王会为凯旋的士兵们举行持续5周到6周的盛大庆典活动。这一切由前来旅行的游客讲述给前来购买奴隶的奴隶贩子，在此期间，国王为炫耀其实力，会向所有人展示他从敌人那里缴获的战利品，以及他的欧洲"合作者"为他提供的四轮华丽马车、高档家具等，当然还有欧洲人的枪械武器。在庆典过程中，国王也会把部分战利品分赏给他的臣民，以示恩惠。在庆典期间，也会同时举行盛大的宗教活动，祭祀曾经为荣誉而战的祖先们。祭祀活动和王室葬礼一样隆重，往往使用活人（奴隶）作为祭祀品。在这些庆典聚会结束之后，随着雨季的到来，奴隶出身的阿波美人就会回到土地相对肥沃和人口稠密的地区，去从事赖以生存的农业种植，其身份就又变成了农民。

1818 年至 1858 年期间，尽管英国人不断尝试让阿波美王国放弃奴隶贸易，但在阿波美第九任国王盖佐（Ghézo）的领导下，仍然让臣民们过着富足的生活。作为中央集权制的国家，阿波美王国通过向欧洲人出售奴隶，换取了大量的武器，成为西非当时最强盛的国家。同时，盖佐调整国家的商贸政策，以适应西方市场的新要求。他下令在沿海地区栽种椰子和棕榈，在全国种植木薯、玉米、烟叶和花生等作物，并把奴隶全部投入到这些种植园中去。

阿波美王国在政治上呈金字塔形，处于最高统治地位的国王不仅拥有至高无上的独裁权，而且决定王位继承人、选拔和委派官吏，并拥有最高司法权力。国王下边由各种复杂的贵族阶层构成，既有本国的达官显贵，也有非洲裔的巴西商人、拥有众多妻子的基督教徒以及为王国带来财富和知识的商人与政要。这种严密的政治结构与社会体系，致使法国殖民者在 1890—1894 年入侵阿波美王国时付出了惨痛代价，导致法国在西非的战争持续时间最长、付出代价最高。

阿散蒂王国是由加纳中南部的阿肯人建立的阿散蒂联邦联合王国，其历史演变过程同阿波美王国非常类似。阿散蒂王国在 100 多年的时间里，在军事、政治和商业方面与欧洲人和内陆部族之间保持紧密联系，在原始部落联盟的基础上不断巩固和扩大，逐渐发展成一个较为强大的王国。鼎盛时期，阿散蒂王国的疆界北至萨赫勒地带，南及非洲的热带雨林。在经济方面，阿散蒂王国主要依靠向欧洲人出售金粉和奴隶换取大量财富。18 世纪末期，阿散蒂国王获得一个象征权力与民族团结的"金凳子"，自此整个国家和一切力量认为只有这个金凳子才会使他们安然无恙，只有国王才是它的永久守护人。因此大家效忠于这个金凳子，也就是要效忠于阿散蒂国王。

在政治制度和结构方面与阿波美王国亦很相似，流行用活人祭祀有着丰功伟绩的祖先。19 世纪初期，阿散蒂王国长期同大量来自南方的欧洲商人和来自北方萨赫勒地区的穆斯林商贩往来，当时首都库马西（Kumasi）就有 25 万到 30 万人。1896 年，因对英国殖民者的不断蚕食感到不满，由王后率领的起义军同英军展开了历时多年的反抗战争。直到 1928 年，英国人把象征民族凝聚力与国家权威的金凳子交还给国王之后，阿散蒂人才接受了英国对他们的主权统治。

非洲中西部地区，各个部落居住点相对松散，而且跨洲的奴隶贸易竞争异常激烈，因此不同部落之间相互突袭、打劫的现象时常发生。尽管如此，这里仍然出现了一些非常稳定的王国，其中最为有名的就是库巴王国。库巴王国是由班图族库巴人在开赛河和桑库鲁河之间建立起来的国家。随着 18 世纪中期各户农产品的产量成倍增加，产品的剩余使它同周邻各邦的贸易成为可能，并与西部宽果河（le Cuango）流域各族和东部卢拉巴河（le Lulaba）流域各族都建立了贸易关系，在 19 世纪上半叶达到鼎盛状态。卢巴人在文化艺术方面造诣颇深，通过对皇家人物形象的描绘与刻画，为我们留下了许多木刻或铜质的人像面具和雕刻。

我们还可以列举出许多诸如此类的小王国，譬如卢旺达、布隆迪、布干达王国（后来的乌干达）等，它们都是在 18 世纪时期把本国的地方和区域经济优势同国际市场的商业扩张相结合而逐渐发展起来的。这些都是曾经政局稳定、人民生活富足的小国家，各个民族在漫长的历史进程中，使用同一种语言，沐浴同一种文化，但在欧洲殖民者的挑拨离间下，导致了当前的混乱局面，为这些国家留下了永久的创伤。

至于非洲西部萨赫勒以南的内陆国家苏丹，在经历了 18 世纪末的伊斯兰圣战之后，便皈依了伊斯兰教。为何苏丹突然之间会变得如此强大呢？自 12 世纪起，伊斯兰教已在该地区存在，但当时仅仅作为同北非和地中海国家外交往来和商贸交往的媒介，只有城市的统治阶层使用。我们从廷巴克图发掘的珍贵手稿可以看出，这体现了一个城市对知识宗教的尊重。除 17 世纪即已被伊斯兰教施布的塞内冈比亚外，在其他地区，传统宗教与伊斯兰教之间的冲突仍然非常严重。然而，随着宗教回归纯化运动的兴起，大部分富拉尼人突然皈依伊斯兰教，许多部落的酋长集宗教领导人与军事领导人的身份于一身，大大强化了其领导地位。不过，这也是非洲黑人王国为应对欧洲人在非洲西海岸带来的挑战，出于长远考虑的需要而对社会结构和秩序进行调节的一种方式。

富拉尼人发祥于尼日尔河、塞内加尔河和冈比亚河（今几内亚）的发源地——富塔贾隆高原，因此这个高原也被称为"非洲水塔"。18 世纪之前，伊斯兰教已在非洲农耕社会广泛传播，却受到信奉原始宗教、自然崇拜和祖先崇拜的游牧民族社会的抵制。富拉尼人本为游牧民族，经过几百年的迁徙，社会经济结构发生了深刻变化，在扩散过程中与当地各族杂居混合，形成几个较大的聚居区。在定居的富拉尼人中，其内部社会结构实行的是等级森严的奴隶制度，社会已分化为贵族、自由民和奴隶的等级。

混居的富拉尼人逐渐放弃游牧生活，改营农业、手工业或商业，但至今还有30%的人仍旧从事传统的畜牧业。1770年前后，富拉尼人联合9个省控制了约300千米长的商贸路线。与此同时，在伊斯兰教占绝对优势的富拉尼人社会，人们通过接受教育，逐渐开化，并学会使用阿拉伯语书写。凭借伊斯兰教的教学方法，大大促进了富拉尼人的文化教育活动，并吸引了来自各个地区的学生，使富塔贾隆高原成为相对发达的教育地区。

在整个19世纪，伊斯兰教通过"圣战"取得了一系列成功。富拉尼帝国的缔造者奥斯曼·丹·福迪奥立志复兴伊斯兰教和建立正统的伊斯兰体制的政府，要求改革苛政，减免租税。1804年在其信徒拥护下发动"圣战"，击败了位于尼日利亚北部的豪萨人，迫使他们皈依正统的伊斯兰教，建立富拉尼帝国。几年后，富拉尼帝国的疆域面积达到顶峰：横贯东西1300余千米，南北相距650千米。通过"圣战"征服的各个国家，所有的贵族全部受封苏丹或埃米尔[①]的封号，受命于索科托哈里发国（即富拉尼帝国）。

---

① "埃米尔"又称阿米尔，是伊斯兰国家对王公贵族、首长或地方长官的封号，主要用于中东和北非地区的阿拉伯国家，意为统帅或总督。

丹·福迪奥是西非伊斯兰教著名学者、政治家。1754 年 12 月出生于今尼日利亚北部戈比尔（Gobir）的一个富拉尼人伊玛目[①]（imam）家庭，自幼接受传统的伊斯兰教育。据资料记载，他的祖先源自北非或阿拉伯半岛一个一夫多妻的奴隶制家庭，懂富拉尼语、豪萨语和图阿雷格语。丹·福迪奥经常和来自各地的富拉尼人信徒在一起探讨各种宗教和国家治理的问题。譬如，如何让一个由少数人信奉的宗教获得更多人的支持，从而成为一种意识形态或一个帝国；如何让一个在地域上被孤立的穆斯林群体变成苏丹西部的伊斯兰地区的宗教事务中心。为找到这些问题的答案，丹·福迪奥放弃了个人权力，从 1810 年起投身于宗教传播活动，并把他的女儿娜娜·阿斯玛（Nana Asma'u，1793—1864）培养成了一个闻名于世的诗人。

埃尔－哈吉[②]·奥马尔是 19 世纪西苏丹地区的另外一位伊斯兰教改革运动的著名领袖、西苏丹图库洛尔帝国（Tukulor Empire）的创始人、西苏丹地区抗击法国殖民侵略的先驱者之一。由于伊斯兰教在西非地区采用传统的说教式传教取得的效果并不明显，因此他主张用暴力推广伊斯兰教。1829 年被任命为西苏丹地区提贾尼派的最高宗教领袖——哈里发，在其追随者的支持下，在塞内加尔河上游的富塔托罗地区建立了自己的国家。1852 年 9 月，奥马尔正式宣布发动"圣战"，他指挥大军北

---

① 该词是对穆斯林祈祷主持人的尊称，有些地方也称作阿訇。伊玛目的地位来自其渊博的学识、崇高的威望、突出的功勋和良好的道德修养。因此，不论肤色、民族、地域、家庭背景，即使是被解放的奴隶，也要受到尊敬。

② 1826 年，奥马尔赴麦加朝圣，获得哈吉（朝圣者）称号。

上征服了上尼日尔和塞内加尔河流域的许多国家。但在20世纪50年代初，法国殖民主义侵略势力已逐步扩展到奥马尔的故乡富塔托罗地区，许多富塔托罗人不堪忍受殖民统治，纷纷参加奥马尔的队伍。富塔托罗失陷致使奥马尔及其信徒对殖民主义者强烈地憎恨，于是奥马尔挥师西下，将"圣战"大旗直指正溯塞内加尔河而上的法国殖民者。

在同法国殖民侵略者进行了不屈不挠的战斗之后，奥马尔转而向西、向北方扩展自己的势力。1861年，他征服了位于今马里的塞古王国（royaume de Ségou）。随后，奥马尔先后击败了马西纳（Macina）的富拉尼人、占领了尼日尔河上游重镇、著名的古城廷巴克图，从而使自己的势力范围达到巅峰阶段。此时，东起廷巴克图、西至下塞内加尔、北自盖穆、南迄丁魁雷的西苏丹大片地区都在他统治之下，形成了一个以塞古－索科托为中心的奥马尔帝国。然而，如此大的疆域也为他带来了极大麻烦：由于帝国疆域过于辽阔，加之缺乏政治管理经验，复杂的宗教情况致使内部矛盾突出。1864年，马西纳的异教徒发动叛乱，在马里中部的邦贾加拉（Bandiagara）将奥马尔杀害。

与此同时，另一些人带领的"圣战"在西非无处不在。西非伊斯兰圣战是西非内陆国家各种社会矛盾交互作用的结果。当时非洲人隐约能感觉到欧洲的工业革命为其带来的直接或间接影响：他们发现大西洋奴隶贸易的规模逐渐减小，而非洲大陆内部的商业贸易却不能适应外部的新兴市场。奴隶们生产制造的产品持续剩余，而无法在其他地方出售。人们不禁认为，在欧洲人到来以前，伊斯兰教徒在非洲内部展开的"圣战"运动，正是以其特殊的方式，打破日渐失去平衡的国际贸易市场。

那些曾经同欧洲人做生意的黑人部落王国，深知需要创造必要条件，以适应新的国际市场。而与此同时，英国人和法国人在 19 世纪上半叶停止购买黑人奴隶，转而从非洲进口工业革命必需的原料，如纺织行业必需的染色木材、靛蓝和可乐果（此时化工印染技术尚未出现），可用于润滑机器、工厂照明以及制造肥皂所必需的油籽等。西非沿岸盛产自然棕榈树，塞内加尔的农民大面积种植花生，因此各地的部落首领或酋长把所有的奴隶全部投入到农作物种植园从事生产劳动。位于热带草原和雨林边缘的阿散蒂王国，也用同样的方式，把其国内奴隶全部投入到可乐果种植园。可乐果具有比咖啡更加容易令人兴奋的特性，外加伊斯兰教禁止穆斯林食用含酒精的食物和饮料，因此萨赫勒地区新皈依伊斯兰教的国家就成为可乐果的巨大消费市场。

而处于非洲内陆的国家则与之不同，他们的节奏完全被新环境打乱。19 世纪前期，位于非洲西部的富拉尼帝国，凭借相对有利的气候条件，保证了人口的持续增长。人口的大幅增长意味着劳动力的增强，由此可以生产出富余的粮食。然而"圣战"仍然非常频繁地发生，部落王国之间相互厮杀、相互劫掠战俘和奴隶的现象更是常见。但在此期间，部落间相互劫掠的战俘和奴隶并未跨越大西洋运往美洲，而是使其成为各自部落的劳动力。如此恶性循环，强大之后的部落就会野心勃勃地征服更多的其他部落，从而使自己变得更加强大。

在非洲西部地区，国家和部落之间以"圣战"的名义相互劫掠达到了高潮。与丹·福迪奥和奥马尔不同的是，西非军事领袖萨莫里·图雷（Samori Touré，1830—1900）尽管不宣扬伊斯兰教教义，也不是一个坚定的伊斯兰教改革者，但他却以"圣战"的名义建立了瓦苏鲁帝国（Empire Wassoulou），而且把帝国疆域从几内亚沿海扩大到腹地。然而这一切显得太晚了。1865年，在费代尔布（Faidherbe，1818—1889）将军的指挥下，法军攻占塞内加尔，并成为塞内加尔的首任总督。随后英国和葡萄牙也先后占领了塞内加尔西南部冈比亚和几内亚比绍之间的卡萨芒斯（Casamance）和黄金海岸沿岸地区。

面对欧洲列强的入侵，萨莫里同其前辈一样，用两种武器来抗击：以伊斯兰教哈里发的名义讨伐异教徒；以军事领袖的身份讨伐敌人。这也直接导致了他的倒台：1898年，法军捕获了萨莫里，并把他关押起来。他的儿子扛起反法大旗，继续同法国人斗争，最终战败。法国人占领塞内加尔之后，把所有人掳为奴隶从事种植园的耕作。不知是由于塞内加尔人的不断反抗，还是因为欧洲人自知他们只是暂时的解放者，在半个世纪之后的1946年，塞内加尔全体居民都成为法国公民，并成为法国的一个海外领地。

不仅仅西非地区出现类似的宗教起义运动，而且非洲其他地区也曾经出现各种以"圣战"的名义抵抗欧洲殖民者的活动。19世纪下半叶，今利比亚南部的穆斯林马赫迪①（mahdiste）兄弟会以塞努西亚（Senoussiya）的名义从利比亚发展到乍得北部，而对意欲侵占该地区的法国人和意大利人来讲，马赫迪兄弟会则被他们妖魔化。另外一个知名的马赫迪运动则爆发于今苏丹共和国的中心城市恩图曼（Ondurman），

---

① 马赫迪是世界末日来临前一个有宗教领袖性质的人物，是穆斯林的先知和领导者，意为"蒙受真主引导的人"。

恩图曼隔河与苏丹首都喀土穆相望。1881 年，苏丹马赫迪运动兴起后，马赫迪军队以宗教的名义多次击败英国和埃及军队，并于 1885 年攻陷恩图曼城，杀死侵略军头目英国总督查理·乔治·戈登（Charles George Gordon, 1833—1885），从而控制了整个苏丹。英国随后又用了 13 年的时间才彻底击溃苏丹的马赫迪军队，控制了整个苏丹。

由此可以看出，西非国家在抗击欧洲侵略者时，往往都是以伊斯兰教真主的名义发起的，而非信奉原始宗教的帝国。从现代意义上看，诸如"圣战"和马赫迪运动之类的宗教运动，通过发动真正的政治和文化革命，从而有助于瓦解非洲部落王国之前那种古老的生活方式。这里需要注意的是，这种重大政治变革不是伊斯兰化萨赫勒地区特有现象，而是由非洲各大帝国的征服引起的。

东非的政治与经济

　　在东非地区，国家对奴隶制经济的主导作用是显而易见的。拉巴赫·祖拜尔（Rabah，1845—1900）的英雄事迹则是近现代埃及历史的缩影。拉巴赫出生于中苏丹加扎勒河省（Bahr el-Ghazal）的一个奴隶家庭，童年时代上过伊斯兰学校，青年时被英属埃及当局抓去当过兵，在埃及军队习得军事专业知识。在经历了内部战乱后，他决定率领部下在苏丹西部的达尔富尔转入地下斗争，随后于 1880 年深入乍得境内。

　　中非地区原有许多小国家，它们鼎足而立，彼此敌对，相互征伐，导致生灵涂炭、国力衰竭。拉巴赫来到这里后，结束了中苏丹地区的封建割据局面，建立起统一的封建国家——中苏丹国，并把中苏丹地区各族人民团结和组织起来，进行反抗外族侵略者的斗争。19世纪末，拉巴赫先后征服了沙里河（Le Chari）的众多小国家，成功征服了沙里河两岸的大片领土，摧毁了巴吉尔米国（Baguirmi）的首都马塞尼亚（Massénya），最终摧毁了位于乍得湖西南的强大帝国——卡涅姆－博尔努王国（Royaume du Kanem-Bornou）。

拉巴赫酷爱独立和自由，他的目的是在这里建立一个独立自由的、不与任何欧洲人发生接触的国家。他通过在各部族的青壮年中招募士兵，购买火枪和来自欧洲的来复枪及加农炮[①]，建设了一支中苏丹地区最强大的军事力量；拉巴赫也很重视发展经济，鼓励人民努力发展农牧业，大面积种植品种优良的玉米，到处挖凿供饮用及灌溉的水池和水井；同时中苏丹帝国的商业交易也十分活跃，从埃及、利比亚和西非来的商人经常汇集于此，进行直接的或转手的贸易。在拉巴赫的领导下，到19世纪90年代初，中苏丹国成为中非地区最强大的国家。

19世纪末期，法国在完成对阿尔及利亚、塞内加尔和刚果的征服之后，继而不断入侵乍得湖区[②]。与此同时，英国和德国殖民者都想占领这个地区，而拉巴赫却未曾与他们任何一方有联系。但拉巴赫部下5位主要部落首领的儿子被法国人告密，遭到加蓬天主教徒的杀害。拉巴赫和

---

① 据相关资料显示，拉巴赫购买欧洲武器的经费主要来自奴隶贸易的收入。此外，中苏丹国也建有小规模的兵工厂。

② 法国征服乍得的过程异常血腥与残忍，1898年，由法军上尉若阿朗（Paul Joalland, 1870—1940）和中尉梅尼埃（Octave Meynier, 1874—1961）带领殖民部队，发动乌莱-沙努安战役（mission Voulet-Chanoine），所过之处寸草不生、片甲不留，历时7个月进入乍得。

平建国的计划被侵略者的枪声破坏了，他把中苏丹地区各族人民团结和组织起来，自此开始了反抗英法殖民者的斗争，最终于 1900 年兵败被杀，中苏丹地区人民的抗法斗争也以失败告终。

18 世纪末，欧洲殖民者在印度洋地区的东非沿岸建立了殖民统治制度。往来于桑给巴尔岛、阿拉伯半岛南部和孟买地区的商贸线路异常活跃，往来这里的波斯商人和阿拉伯人与毗邻内陆的班图族非洲人之间相互通婚，因此使斯瓦希里沿海城市人口暴增。在 19 世纪前 30 年，阿曼苏丹帝国逐渐成为这一地区霸主，并于 1840 年定都于桑给巴尔岛，直至 19 世纪 70 年代，稳固了在整个非洲东海岸的霸权地位①。阿曼阿拉伯人很少关心本国政治，却遭到以马兹鲁伊（les Mazrui）为首的蒙巴萨斯瓦希里贵族的抵抗。为了显得与阿曼人不同，具有阿拉伯人血统的斯瓦希里贵族虚构其祖先是波斯希拉兹人（les Shirazi）。他们认为，正是桑给巴尔商人和印度金融家结合，才使拉兹人长盛不衰，因此他们极为热衷于商业贸易。

在东非沿海地区，阿拉伯移民经营着庞大的甘蔗种植园和椰子种植园，并同印度商人保持着密切的商贸往来，一起建立骆驼商队来往于非洲大陆腹地。但是他们认为当地的米基肯达人（Mijikenda）无论是在思维方式，还是生活方式和政治制度方面都处于尚未开化的境地，因此不愿意与其为伍。

在桑给巴尔，印度商人出资开办的奴隶种植园和沙漠骆驼商队的无

---

① 桑给巴尔苏丹开始建设达累斯萨拉姆（Dar es Salaam）城，1887 年被德国的东非公司接管。

产阶级化（搬运工、大象猎人以及雇佣兵）为普通平民提供了新的工作岗位。奴隶数量比以前更多了，但他们的处境却各不相同，与种植园奴隶和家庭奴隶相比，这里的奴隶被允许拥有自己的手艺或代表其主人从事骆驼商队探险。

除此之外，尽管更多阿拉伯人希望从印度洋沿岸向内陆探险，却很少有平民愿意成为他们的猎人和搬运工，于是非洲西部的骆驼商队就成立了一个"搬运工联盟"，专为阿拉伯人服务。自 18 世纪起，奥地利女皇玛丽亚·特雷莎（Maria Theresa，1717—1780）开始在当时欧洲最大的政治经济体奥地利、匈牙利、波西米亚（Bohême）等地发行一种新型钱币——塔勒币[①]，该币设计精细，制造工艺非常复杂（原料来自奥地利本土富足的银矿）因此很快就被土耳其和中东一带黎凡特（Levent）地区的商人广泛使用。正是由于黎凡特商人的广泛使用，塔勒币成了人们信赖的银子来源，并逐渐变成唯一被整个阿拉伯世界所接受的流通货币，也成为阿曼国的官方货币。后来，塔勒币的流通又扩散到北非海岸、中国及其他远东地区。

尽管以维持生计的农业仍占据主导地位，但每个人都会生产制作一些当地、本地区甚至国际上需要的产品。譬如，城里人和骆驼商队必备的食品、在海滩上捡拾的子安贝（在西非当作货币使用）、奴隶种植园生产柯巴树脂及其他农产品、象牙以及奴隶，等等。女人们也会带来自己生产的产品：酿造的啤酒、染过色的布匹以及定期向印度商人出售自

---

① 该货币最初铸有玛丽亚·特雷莎的图像，非洲人非常认可这种货币的流通，直到 20 世纪初仍在使用。

己种植的原材料。当然，本地人也会使用进口的各种商品：铁匠锻造从欧洲进口的铁、食用从印度进口的大米……一方面，由于欧洲人对象牙贪得无厌的需求，致使象牙价格不断飙升；另一方面，从世界各地进口的工业原料价格却不断下降，使当地的商人赚得盆满钵满。一位被欧洲人熟知的种植园主蒂珀·迪（Tippo Tip，1837—1905），最初是桑给巴尔的奴隶贩子，并且拥有一大片奴隶种植园，同时担任上刚果地区的省长一职。他去世之后，竟然在美国《时代》杂志上刊登了讣告。

19世纪上半叶，在桑给巴尔南部发生的最重要的一件大事就是一个小王国——祖鲁王国的崛起。祖鲁人原本居住在非洲东南部，但是由于葡萄牙贩奴分子的猖獗，他们被驱赶向西南方。祖鲁王国是祖鲁人在其领袖沙加（Chaka，1787—1828）带领下建立起来的一个尚武的中央集权制国家。沙加本人对其无敌的声誉极为在乎，在他的统治时期，由于太过好战，对外对内战争不断，导致南非地区有超过200万人丧生。因此在欧洲人眼里，他是一个嗜血暴君；而在祖鲁人眼里，他则是一个铁胆英雄。[①]

1824年，在英国人刚刚抵达南非时，沙加曾热烈欢迎他们前来购买象牙，他在任时建立的德班（Durban，位于南非纳塔尔省）港口沿用至今。在整个19世纪，英国人编撰的历史资料总是有意夸大沙加的影响，从而为自己的殖民扩张正名，以至于历史学家往往把非洲中南部在殖民时期发生的一切战乱，全部归咎于沙加的好战。据资料记载，1828年，沙加

---

① 　塞内加尔国父、非洲民族解放运动的先驱、非洲民主社会主义思想的积极倡导者桑戈尔（Léopold Sédar Senghor，1906—2001）曾专门为他写了一首赞诗。

与英国人从事奴隶买卖时被暗杀，但是他的王国幸存下来，直到 1879 年，它被英国摧毁。

事实上，沙加是一个重大的政治改革者和一个伟大的军事领导人，他在 19 世纪的影响力一直扩散至津巴布韦西部和北部的坦噶尼喀湖。他带领祖鲁人用自己的方式（拒绝使用枪械，而采用棍棒格斗①）应对欧洲人的威胁。尽管被欧洲殖民者逼退至纳塔尔省的最北边，但祖鲁人利用其统一的文化同英国人一直抗争到 1905 年。20 世纪 20 年代，祖鲁青年知识分子掀起了对沙加神话的研究热潮。纳塔尔省的基督徒反对白人的统治，祖鲁人建立起自己的政党"因卡塔自由党（l'Inkatha）"，并一度在政坛相当活跃。20 世纪 90 年代，"因卡塔自由党"强烈反对纳尔逊·曼德拉（Nelson Mandela，1918—2013）建立的"非洲人国民大会"（简称国大党），并时常与之发生流血冲突，这种两党分裂状态一直持续到今天。

---

① 在沙加统治时期，祖鲁族棍棒格斗是一种必不可少的训练与搏击方式，其中一个重要目的就是打造男性的勇气和能力，以证明自己是熟练的战士，以便于在社会上赢得尊重。

第九章

长期的殖民与社会变革

客观上讲，非洲在 19 世纪之前就有欧洲人的足迹。从公元 15 世纪开始，欧洲殖民者开始进入非洲大陆，非洲便开始了它长达几百年的血腥历史。而在西非沿岸的其他地方，西方人的探险范围极为有限，一些欧洲商人和探险家只能用廉价的商品同当地的部落酋长换取微薄的利润，同时派驻几个官兵保障安全和若干传教士在城镇郊区布道。而在商业利润丰厚的地区，比如黄金海岸和象牙海岸等，则会修建碉堡，其作用是对付敌对国家的竞争。16 世纪初，只有葡萄牙人被教皇赋予了在非洲大陆传教的资格，而其他国家是不被允许派驻传教士的。然而一些从事走私生意的西方国家，如丹麦、荷兰、德国、英国以及法国，他们尽管没有获得教皇的授权，但仍以传教的名义向非洲大陆派遣大量传教士。16 世纪以前，除了被葡萄牙人占领的罗安达之外，其他地方都不能称为真正意义上的殖民地。

南非

南非的殖民历史是从开普敦开始的。开普敦位于非洲大陆南端的开普半岛，是欧洲人在南非建立的第一座城市，这座南非白人心中的母城300余年来数度易主，历经荷、英、德、法等欧洲诸国的统治及殖民。开普敦盛行地中海气候，四季分明，非常适宜居住。17世纪中叶（1652—1657），荷兰人把这里作为往返其本土与荷属东印度公司的中转站，并专门派出一队官兵为绕过好望角贩卖东印度香料的荷兰商船提供粮食、牛肉、烟草、淡水等补给。

殖民者最初建立的是自由农庄，后来从安哥拉地区输入了第一批奴隶。住在开普地区的霍屯督人（Hottentots）脱离自己的氏族，以替白人畜牧、劈柴、做仆人为生,后逐渐沦为奴隶,并在阿非利卡人(les Afrikaners)的后代布尔人[①](les Boers)社会当中形成了奴役当地土著的传统。布尔人从事农耕种植,最初主要从印度尼西亚和马达加斯加购买奴隶,随后从葡萄牙手中购买来自莫桑比克地区的黑奴,也持火枪等武器捕猎当地的游牧民族为奴。1795 年,正值法国大革命之际,英国人趁机从法国人手中夺取了该地的殖民权,其间虽然几经易手,但 1806 年又被英国人夺回。由于欧洲白人禁止与当地黑人土著接触,所以直至 19 世纪末,开普敦仍然是一个纯白人居住的城市。

与此同时,在南非白人政权统治下,当地科萨人(les Xosa)与欧洲移民在开普殖民地东部的边境地区发生一连串冲突,科萨人聚居地被分割成几十块互不连接的"保留地",开普的面积也由离海岸线 25 千米的地方推进至 250 千米的内陆。1844 年,英国人沿着印度洋海岸,把祖鲁人击退至内陆,建立了南非纳塔尔殖民点。随着英国人的疯狂扩张,南非的边界不断向北推进。在卡拉哈里沙漠边缘的西开普敦是一个狩猎区,这里的猎人部落没有女性,欧洲白人与当地不同部落的女性土著通婚,于是出现了一个重要的混血人种——梅蒂斯人(métisse)。白人无论是同当地的霍屯督人,抑或是同桑人(les San)的混血后裔布须曼人(les Bochimans)结合,所生出来的后代都是"有色"人种。

在完成对南非西部的殖民占领后,欧裔白人为了保持白人所谓的"种族纯洁性"和优越地位,推出了一整套种族主义的法律,并且极其严厉

---

① 布尔人是对居住于南非的荷兰、法国和德国白人形成的混合民族的称呼,主要以荷兰人为主,但现在已用阿非利卡人或阿非利堪人代替,不再使用该词。

地推行所谓的"自我保护""多元民主""各自发展"等政策，这就是臭名昭著的种族隔离制度。英国几乎与美国人同时在南非实行种族隔离制度，但二者最大的区别在于，英国白人并未像美国那样，对南非黑人实行大规模的种族屠杀。

1835 年，英国在其殖民地废除奴隶制度，并于次年在以农耕为主的布尔人聚居区实施，随后扩大到南非全境。对英国统治感到不满的布尔人在 1836 年前后大批离开开普殖民地，向内陆前进，建立了奥兰治自由邦（l'Orange）、德兰士瓦共和国（le Transvaal）、纳塔利亚共和国（République Natalia）等多个自治政权。1867 年在北开普省金伯利（Kimberley）发现钻石以及 1886 年在南非东北部瓦尔河（Vaal）上游的约翰内斯堡发现了黄金之后，打破了布尔白人和英国白人之间的脆弱平衡。英国殖民者为争夺南非的钻石和金矿，于 1899 年发动持续三年之久的第二次布尔战争。最终英国在战争带来的巨大损失与国际舆论压力下，与布尔人签订和约，结束了这场战争。但这场战争推动了南非联邦的形成，也扩大了游击战在军事领域的影响。

通过开发南非的金矿，英国人在南非获得巨大的经济利益，并使南非成为非洲大陆最富足的地区。在第二次世界大战前夕，南非获得的国际社会投资（主要是英、美两国）占整个非洲大陆的四分之三。南非的钻石开采与金矿开发，吸引了来自世界各地的移民劳工，而这些劳工在这里却没有任何自主权利可言：未经允许，不能随意流动；没有独立的住处，全部像牲口一样被赶进矿区采矿。

在两次世界大战之间，尽管受到资本主义国家的残酷镇压，南非共产党仍为南非逐渐引进工业发展。1912 年，南非最大的黑人民族主义政党，也是南非唯一跨种族的政党——南非国大党成立，成为现在南非的执政党。因为白人种族主义者实行的种族隔离制度，白人与其他有色人种（印度人、混血人、黄种人和黑种人）之间拥有非常不平等的权利，后者经常被驱逐出自己的居住地，房屋被白人夷为平地，因此全国的罢工事件时有发生，并在 1947 年达到高潮。直到 1990 年，南非当局迫于国内外舆论压力，无条件释放曼德拉后，这种种族隔离现象才有所好转。

19 世纪时期的殖民统治

　　面对 19 世纪之前的乱象，欧洲人 19 世纪时期的殖民统治缺少了现代化的气息。当非洲人意识到自己落入欧洲人的陷阱时为时已晚。英国是最早在西非禁止奴隶贸易的国家，但在实际实施过程中也遇到了实实在在的问题：在大西洋上拦截到走私奴隶的船之后，是把所有被走私贩卖的黑人全部就地释放，还是把他们遣回原籍安置呢？

　　事实上，废奴运动兴起后，很多被贩卖到外地的黑人后裔，总是梦见自己回到了非洲故乡成为自由人。1787 年，在英国社会活动家格伦维尔·夏普（Granville Sharp，1735—1813）的赞助下，部分传教士和废奴主义者将 400 名自由黑奴由英国本土移居至塞拉利昂半岛，他们从当地国王手中买来土地，并为此地取名自由省（Freetown），即后来的英译名弗里敦。后来从北美新斯科舍（Nouvelle-Écosse）来的奴隶和南美牙买加的逃亡奴隶也定居在此地，这些奴隶的后代称作克里奥尔人（Créoles）。

自英国人把首批自由奴隶送到这里之后，弗里敦就成为混血人文化异常活跃的中心城市。这里接纳的奴隶，不仅有来自塞内加尔圣路易、戈雷、海岸角、拉各斯、罗安达等非洲西海岸的，而且还有来自印度洋沿岸著名的奴隶交易地莫桑比克和蒙巴萨的奴隶。送至此地的奴隶全部是基督徒，尚未有穆斯林奴隶被送到这里。18 世纪末，在南部非洲国家活动的传教士几乎全部为天主教徒。1842 年，苏格兰探险家和传道士戴维·利文斯通（David Livingstone，1813—1873）开始从东南非的印度洋沿岸向中部非洲宣道，他一生致力向非洲土著传扬基督教，并在非洲大陆各处设立布道会和难民营。

除此之外，利文斯通还对地理探险感兴趣，在非洲大部分内陆地区进行探险活动时，发现了维多利亚瀑布和马拉维湖。他为自己设定了几个目标：通过向非洲奴隶制部落王国提供其他收益来源，从而从根本上让非洲大陆内部废除奴隶制度；在非洲大陆腹地创办"示范农场"；同时他自己出资从奴隶贩子手上购买奴隶，释放为自由民，并为他们提供免费的宗教教育。作为回报，这些获得自由的黑奴自愿向利文斯通效忠，皈依基督教，并为其免费工作。

1866 年起，利文斯通开始寻找尼罗河的源头，随后杳无音讯。由于多年没有他的消息，美国《纽约先驱报》于 1869 年资助了一支探险队前往非洲搜寻营救。该探险队由特约记者斯坦利（Henry morton Stanley, 1841—1904）率领，探险队于 1871 年抵达非洲中部，历经艰险，斯坦利在坦噶尼喀湖附近的一个村庄找到身患重病的利文斯通，说出了那句经典对白："利文斯通博士，我想是您吧？"[1]

但在其他地方，欧洲的殖民统治若想取得一定成效，必须满足两个条件：其一，传教士前期的宣教工作已经有了效果；其二，殖民政策获得了殖民地大众的认可，所以宗教成为社会和文化进步的保证。此外，我们应该注意到，宗教信仰的改变往往是由当前宗教转换为其他外来宗教。如 1900 年，被英国殖民统治的尼日利亚伊博人所信仰的是基督教，而受新教思想的影响，威廉·哈里斯于 20 世纪初期在科特迪瓦发起哈里斯运动（Mouvement harriste），最终大部分伊博人改信新教。至于布干达王国，穆特萨一世（Muteesa Ier）在位期间，伊斯兰教、基督教和天主教先后传入布干达，分别代表着阿拉伯人、英国和法国的利益，引起该王国教派纷争和政局动乱。穆特萨倾向于接受伊斯兰教，并于 19 世纪 70 年代宣布伊斯兰教为国教，随后该王国的国教不断改变，直至 1900 年成为英国保护国时才皈依了基督教。

非洲殖民地于 1847 年开始陆续独立。非洲大陆各国同西方国家的关系逐渐发生改变，尤其是西部非洲，继大西洋奴隶贸易之后，这里的经济贸易再次呈现突飞猛进之势。但与此同时，西方国家从各个层面加快

---

[1] 1873 年利文斯通去世后，斯坦利为了完成他的凤愿，在比利时国王利奥波德二世（Leopold Louis Philippe, 1835—1909）的资助下前往刚果盆地，顺着卢阿拉巴河和刚果河而下，于 1877 年 8 月到达大西洋。

了对非洲的渗透：经济方面采用集约化的贸易政策；政治层面注重加强修复殖民时期被破坏的关系；意识形态领域则随着克里奥尔文化的兴起，使非洲成为一个文化大熔炉。

1820 年至 1850 年的 30 年里，欧洲在大西洋和北非地区同非洲的商贸交易总量增加了 10 倍。摩洛哥、突尼斯和的黎波里成为英国纺织品向非洲内陆中转的最大仓库。这一切是工业革命的必然结果：一方面，欧洲的商品采用机械化大批量生产，商品出口到非洲的价格仅是以前的一半；另一方面，欧洲对非洲原材料的旺盛需求确保了非洲的国际市场价值显著提升。得益于工业革命的成功，生产厂家用相同量的原材料，能够生产出更多的商品，因此尽管欧洲跨国公司在进出口方面赚取了双倍利润，但仍不影响非洲合作伙伴盈利。正是因为如此，奴隶贩子不再愿冒着极大风险从事奴隶走私生意，从而在源头上遏止了大西洋奴隶贸易。

1788 年，英国著名科学家约瑟夫·班克斯（Joseph Banks, 1895—1980）倡导建立了一个对非洲大陆进行系统的探险的组织——非洲协会（l'African Association）成立，表明英国野心的醒悟。该协会的宗旨是"探测非洲大陆神秘的地理环境，促进科学和人类的事业发展，发展对非经贸往来"。1795 年，协会派苏格兰人曼戈·帕克（Mungo Park）首次进入非洲腹地，探索尼日尔河到底发源于何处，流向何方[①]。在忍受非洲内陆的酷热和疾病之后，他成功到达了尼日尔河，但肆虐的疾病迫

---

① 早在 18 世纪，两位葡萄牙混血后裔从罗安达出发，前往非洲腹地探险，到达安哥拉与莫桑比克之间地带后因疟疾而被迫中止探险。

使他中断探险，未能沿河而下到达河口地。

　　自那时起，出于经济（搜集非洲大陆的财富）、科学（发现非洲神秘地理环境）和道义上（向黑人传教）的目的，整个 19 世纪上半叶，非洲腹地的各种探险活动几乎被英国包揽[①]。通过不懈的努力，欧洲人在 19 世纪中叶对非洲的地理概况有了初步的了解。在所有的探险者中，德国学者海因里希·巴尔特（Heinrich Barth，1821—1865）毫无疑问是其中最伟大的探险者之一。他在前人的基础上进一步对西非进行了最为全面的探险，并代表英国外交部（1850—1855）访问了苏丹西部最重要的城市，然后穿过撒哈拉沙漠，于 1855 年返回英国。巴尔特的探险旅行是非洲探险史上最成功的一次，他全面地介绍了他所访问过的国家的地理环境、历史和民族。1848 年，他获得英国政府为他颁发的荣誉称号——非洲东部海岸及未开发内陆领事。这些探险活动之所以能够成功，主要得益于 1830 年至 1840 年间，人类成功从中美洲金鸡纳树皮上提取了奎宁，该化学物质能够治愈欧洲人极易感染的疟疾。总之，这一切说明了英国正在逐渐改变对非洲的政策。

　　随着对非洲了解的加深，欧洲列强之间为争夺利益时常发生冲突。欧洲探险家和商人同非洲当地政权的摩擦也时有发生，尤其是在遭遇当地部落王国的威胁时，法国人会向在非洲西海岸各个战略要点巡弋的"王

---

①　所有这些探险活动中，不包含两位法国探险家在非洲开展的探险活动：1819 年提奥多·莫利安（Gaspard Théodore Mollien，1796—1872）探索塞内加尔；1828 年勒内·凯利（René Caillié，1799—1838）探索廷巴克图。

冠"号^①（la Couronne）战舰寻求帮助。诸如此类的冲突无处不在，不过在南非出现得更早。

为防止当地部落的实力进一步增强，1843 年英国兼并了纳塔尔。随后几年，塞拉里昂、尼日利亚和黄金海岸相继沦为英国殖民地。1852 年，被英国殖民的国家成立非洲联邦，1874 年成为英国的保护国。尼日尔三角洲附近的拉各斯港口 1851 年被英国占领，10 年后成为英国保护国，英国随后把这里作为打击大西洋奴隶走私的桥头堡。

1843 年，阿波美国王向一位马赛商人授权经营整个阿波美王国的棕榈油生意，标志着法国在非洲殖民扩张的开始。1839 年，法国殖民者以欺骗方式同沿海酋长签订协定，相继获得加蓬海湾南岸和北岸地区的主权，并在海湾北岸使用被获释奴隶修筑堡垒，设立居民点，将该地命名为利伯维尔（Libreville），意即自由城。法国殖民当局占领加蓬后，将加蓬的土地租让给特许公司实行垄断经营，强迫当地居民采集天然橡胶、象牙和乌木以供出口。法国人以利伯维尔为赤道地区的行政中心，1910 年把加蓬、中央刚果、乌班吉（Oubangui）和乍得 4 个殖民地合并为法属赤道非洲。

从表面上看，殖民后的非洲生活像以前一样继续着，非洲人逐渐适应了这种新生活，并错误地认为他们的未来仍然掌握在自己手中。有些人甚至很拥护当前的经济政策和社会秩序，觉得可以暂时强化内部凝聚

---

① 为增强法国在地中海和大西洋的军事实力，在时任法国宰相、红衣主教、"法国海军之父"黎塞留（Plessis de Richelieu，1585—1642）的重视下，该战舰于 1629 年末由拉罗谢尔船厂自主建造，是法国的第一艘大型风帆战舰，装备有 68 门火炮。

力。历史学家在广泛研究的基础上发现，正是这种现象的存在，阿波美王国才会从奴隶制经济顺利地过渡到以棕榈油买卖为主的殖民经济。同样地，东非那些半军半商的阿拉伯穆斯林所从事的奴隶走私生意，逐渐被象牙和热带产品贸易所替代，用来同非洲人做交换的并非黄金或白银，而是他们的枪支。据估计，在 1865 年至 1907 年间，欧洲贩卖到撒哈拉以南非洲的枪支数量达到 2000 万支。

在非洲人看来，祖先传承下来的旧体制被摧毁，意味着另外一种更好的制度会带着他们突飞猛进地发展。然而，政治动荡、伊斯兰教扩张以及当地有志之士对殖民者的激烈反抗为非洲大陆提供了绝佳的转型机会。但欧洲列强之间在非洲的殖民争夺加剧，尤其是 1860 年葡萄牙占领圣萨尔瓦多（古刚果王国的都城）之后，非洲殖民地对欧洲人的臣属感不断加强。1863 年达荷美的都城科托努（Cotonou）成为法国的保护地；1874 年几内亚湾的梵蒂王国（Les Fan）、1896 年加纳中南部的阿散蒂王国分别成为英国的保护国；1879 年，在尼日尔建立联合非洲公司，随后塞内加尔腹地被法国征服；等等。

在尼日利亚南部，西非约鲁巴人各邦之间，以及他们与富拉尼人、达荷美人之间发生的战事几乎贯穿整个 19 世纪。连绵不断的战争导致整个尼日利亚西南部地区的大西洋贸易遭到破坏并消失，而且无力应对来自穆斯林的侵扰。英国殖民者乘约鲁巴内部纷争之机，于 1861 年在拉各斯岛建立殖民地；1866 年借口调停，进一步干涉约鲁巴地方的事务；1897 年整个约鲁巴地区沦为英国的"保护国"。

1884 年柏林会议

　　随着非洲局面不断失控，欧洲列强之间的摩擦日益频繁，欧洲殖民者不得不加强应对措施。1870 年，意大利王国和德意志帝国先后统一，并参与到瓜分非洲的浪潮中来，导致非洲大陆的局面更加复杂。包括奥斯曼土耳其帝国在内的欧洲各国之间剑拔弩张，随时有擦枪走火的可能，这就需要召开一次外交大会，来平衡各列强在非洲的利益。为了避免各国在非洲的争夺中兵刃相见，设置一个让各方都满意的瓜分规则成了最大的挑战。

　　关于欧洲各国势力范围的划分，早已在 1815 年的维也纳会议中得到确认。例如，法国就重新得到了圣路易岛和戈雷岛的统治权。这次的柏林会议达成了以下三个方面的协议：首先，为保证各国在尼日尔河和刚果河流域自由航行和贸易，需要处理好各国的经济利益；其次，形成一个各殖民国家共同认可的规则：为了让其他各国承认某片领土已被占有，则必须在这片领土上建基础设施、派遣军队、设置行政机构以及通商；最后，在会议间隙，比利时国王利奥波德二世利用各大国都想染指刚果、相持不下的局面，通过各种外交手段，使柏林会议最后同意成立"刚果自由邦"，并同意利奥波德二世作为该邦的元首。

事实上，比利时国会并不支持国王的决定，他们不愿意在非洲殖民地冒此风险。早在柏林会议前，尽管斯坦利等殖民探险家的活动已为利奥波德二世攫取了刚果河下游的大片土地，但他在"获得"刚果自由邦之后，仍然为此付出了巨大代价。由于当时与会者对刚果的地理情况并不十分清楚，许多地区仍是欧洲人一无所知的空白点，加之其他列强对刚果的土地也极感兴趣，笼统圈划范围便于他们插手，因此柏林会议划分了利奥波德二世的统治范围，但界线不明。利奥波德二世先后同法国、葡萄牙、英国等国签订协议和条约，划定他们之间的界限，同时还不得不应对刚果各个部落的激烈反抗。

刚果人民在利奥波德二世统治下遭受了巨大灾难。当时刚果自由邦的经济收入主要靠象牙、橡胶、棕榈油和花生出口。但在比利时殖民者竭泽而渔的掠夺下，天然橡胶林大面积被毁、象牙产量急剧下降、大片土地荒芜、土著人口锐减，给当地造成了严重的后果。20世纪初，英国法裔记者莫雷尔（Edmund Morel, 1873—1924）发表一系列文章，淋漓尽致地揭露了利奥波德二世在刚果的暴行，引起国际社会的震惊。欧美各国以及比利时国内对利奥波德二世的刚果政策加以抨击，面对指责，利奥波德二世绞尽脑汁，负隅顽抗。1908 年 8 月，比利时议会通过由国家接管刚果自由邦的法案，利奥波德二世在内忧外患的处境中结束了对刚果长达 24 年的独裁统治。

柏林会议的"决议"加剧了欧洲列强在非洲的竞争。在这次会议中，西方列强划分了在非洲中部的势力范围，确定了在非洲拓展殖民地的共同准则，从此掀起瓜分非洲的高潮。欧洲列强的意识形态传达了种族优越以及蔓延海外的"白人的负担"[①]思想，同时也向世人展示了欧洲白人"3C"文化[②]的优势，每个国家都打算在非洲分一杯羹。柏林会议结束 16 年后，即 1900 年，除利比里亚和埃塞俄比亚外，欧洲列强完成了对非洲的瓜分。

对于非洲古国埃塞俄比亚，时任皇帝孟尼利克（Ménélik II，1844—1913）为应对意大利发起的侵略战争，他组建了一支 10 万人的军队，死防意军从厄立特里亚省（l'Érythrée）登陆。1896 年，阿杜瓦（La bataille d'Adoua）一役歼灭意大利军队 7000 余人，保证了埃塞俄比亚

---

① 1898 年，在美西战争（美国为夺取西班牙属地古巴、波多黎各和菲律宾而发动的战争，是列强重新瓜分殖民地的第一次帝国主义战争）期间，英属印度作家鲁德耶德·基普林（Rudyard Kipling，1865—1936）以现实主义手法创作了一首诗，题为《白人的负担》。

② "3C"是英文单词 Commerce（贸易）、Christianisme（基督教）和 Civilization（文明）的首字母。

的独立[①]，在非洲历史和世界历史上都具有极其重大的意义。为了纪念这次战争的胜利，非洲大多数国家选用红、黄、绿三色作为自己的国旗。

[①]　1935 年，埃塞俄比亚被意大利占领，但仅仅被墨索里尼（Mussolini，1883—1945）政府殖民了 6 年（1936—1941）。

不同阶段的殖民

由于很多非洲殖民地在不同时期被不同国家占领，而且不同国家进入非洲的时间也各不相同，所以很难对非洲的殖民历史加以准确分期。譬如南部非洲很久以前即被殖民；古老的西非地区商贸极为发达（先是奴隶贸易，后为普通商品）；正如前文所述，刚果很快成为获利颇丰的殖民地；非洲中部的法属赤道非洲则被称为"帝国的灰姑娘"；直至20世纪才被西方人探索的东非地区，更难建立一个准确的年表。20世纪30年代，西方资本主义国家的经济大萧条，标志着西方在全世界经济掠夺的失败，也成为非洲殖民地的关键性突破口。自此，欧洲殖民者逐渐转变在非洲的战略，由索取变为投入——投资基础社会建设、修建铁路和港口等。然而，随着第二次世界大战的爆发，这一系列"惠民"政策被推迟了很多年。

在第一次世界大战之前，"开化"非洲和传播基督教成为殖民者的主要道德使命，没有人认识到满足社会需求以及改善健康状况的必要性。根据当时的观念，殖民者根本没有考虑过在非洲投资的问题，更不用说所谓的"援助欠发达国家"这个概念了（该概念是在"二战"后提出的）。在欧洲国家眼中，他们是所有海外领地的宗主国。正是受这种观念的影响，1900年即已投票通过的《殖民地国家财政自主权》，形同一纸空文，直至1946年才重新被提上议事日程。

每个殖民地都有自己的财政预算，但所有的财政收入全部依靠直接人头税和关税。这点微薄的收入需要涵盖人工工资、军费以及行政开支等一切费用，大部分殖民地总督不得不向宗主国借贷度日，无形中进一步增加了财政负担。曾有一个法国殖民当局向法国政府借贷，恰好赶上第一次世界大战，随后又遭遇经济大萧条，这笔贷款直到1931年才获得法国政府批准。

殖民者主要通过两种方式对非洲进行野蛮的掠夺性剥削：

——矿业经济。这种类型的掠夺主要针对蕴藏有国际经济发展所必需的矿物的国家，如南非和罗得西亚（Rhodésie，津巴布韦的旧称）地区的金矿，比属刚果和赞比亚铜带省（Copperbelt）的铜矿，南非北开普省和刚果开赛省的钻石矿等。直至1960年，非洲大陆的其他矿产资源尚未得到有效开发，如安哥拉和中非地区的钻石、素有"战略金属储备库"之称的纳米比亚钻石、铀、铜、银等。采矿时投入的资金主要来自西方宗主国，而劳动力则从邻近的部落中招募。劳工的合约期一般为一年半，在此期间所有劳工如同牲口般被赶进矿井劳作。合约期之所以很短，其目的在于最大限度地减少工人的"有产"状况，希望他们仍然留在农村，保留其身无分文的"无产阶级"身份。尽管自 20 世纪 30 年代起，工会联盟不断为工人们争取更多利益，但这种不人道的制度一直延续到非洲独立。

——农产品经济。该类型主要针对热带非洲以及西非地区，主要表现为农民通过提高农产品的出口，从而换取欧洲的制成品。由于农民们深居闭塞的农村，而且缺乏技术支持，因此无法实现产品制造加工，所依赖的生活必需品只能从欧洲进口。同时，进出口贸易全部掌握在外籍公司手中，无论整合非洲本地的农产品，还是分配欧洲来的制成品，都极少有非洲人参与。在整个进出口贸易流程中，非洲人处于从属地位，一般担任经理或店员。诸如此类的大型进出口公司在非洲比比皆是：荷兰的利华公司（1928 年更名为联合利华）、1887 年成立的法国西非公司、1899 年成立的西非贸易公司等。

法国加剧了对法属赤道非洲的劫掠，一些享有特权的大型特许公司和经纪人公司，在该地区专门从事乳胶、象牙等野生产品贸易。当橡胶和象牙的利润逐渐降低后，这些公司可以立即停止收购，从而最大限度地减少损失。20 世纪 20 年代，这种掠夺方式导致法属赤道非洲的橡胶和象牙消耗殆尽。我们不能忘记 20 世纪初的另外一个例子，是德国人对赫雷罗族人（les Herero）的种族灭绝。1880 年，德国占领了纳米比亚，残暴地奴役和压榨当地的广大人民，肆意掠夺他们的土地和牲畜，并驱使他们筑路开矿、服各种劳役。1904年初，纳米比亚赫雷罗族人忍无可忍，揭竿而起，奋起反抗德国殖民者的残酷剥削和压迫。当时的德国皇帝威廉二世（Wilhelm II von Deutschland，1859—1941）命令德军指挥官特鲁塔（Lothar von Trotha，1848—1920）前往镇压。在德军的追杀下，赫雷罗族人被迫背井离乡，纷纷往西南部的沙漠地带逃亡，最终有8万多赫雷罗人和纳马人（les Nama）在茫茫大漠里悲惨地死去。

欧洲殖民者在非洲的残酷暴行随处可见，但由于双方力量差距悬殊，这又是不可避免的。殖民当局的白人数量实际上很少，往往处于无监管状态，但白人拥有一切权力，而被殖民的非洲土著毫无任何权利可言。对于殖民当局滥用职权的情况，我们不可能一一列举，在此仅举几个大家耳熟能详的例子。

1899年至1900年间，在由法军上尉若阿朗和中尉梅尼埃带领殖民部队征服乍得的过程中，发动了乌莱-沙努安战役，所过之处寸草不生、片甲不留，历时7个月的征服战异常血腥残酷。柏林会议后，利奥波德二世统治刚果自由邦时期，逼迫刚果人开采橡胶并残忍地杀戮大批刚果人，爆出20世纪国际上最臭名昭著的"红色橡胶"丑闻。法国在刚果的殖民统治同样残酷，作为法属刚果特派员的萨沃尼昂·德·布拉柴（Savorgnan de Brazza，1852—1905），由于反对法国殖民部在法属刚果实行特许经营制的决定，因此遭到排挤并被架空，随后被迫离开法属刚果，然而该事件却从未在法国国内被报道①。

1925 年，法国作家安德烈·纪德（André Gide，1869—1951）乘船到法属刚果和乍得旅行考察，历时近一年。回国后撰文猛烈抨击殖民制度，引发议会辩论、媒体论战，政府派人去非洲调查。从 1926 年 7 月到 1927 年 5 月，他再次前往法属赤道非洲旅行，返回法国后在其游记《刚果之行》（Voyage au Congo）及《从乍得归来》（Retourdu Tchad）中批评了法国当局的殖民政策，揭发了殖民当局的种种罪行和法国商人在刚果利欲熏心的行为。尤其揭露了乔治·托凯（George Toqué，1879—1920）与芬南德·加德（Fernand Gaud）两位殖民官员在刚果一手策划的"克朗佩尔堡事件"（Affaire de Fort Crampel）②。

在了解这些弊病之后，法国国民阵线倡议"以人为本的殖民主义"的殖民政策，以作补救。然而直到独立前夕，各个殖民地仍然在征收人头税。

在整个殖民时期，诸如此类的做法无处不在，导致许多殖民地国家奋起反抗殖民者的残酷剥削和暴虐压迫。19 世纪中期，南非科萨人为收回被英国殖民者侵占的土地，于 1856 年至 1857 年间发生大规模的反抗

① 1906 年，法国殖民当局的一位年轻人揭露了位于班吉（Bangui）的法国特许公司滥用职权的丑闻：由于不堪殖民者的剥削与压榨，刚果人拒绝继续采集乳胶，却遭到殖民当局的射杀，导致 750 人死亡，另有 750 人不同程度受伤，然而该丑闻再一次被封杀。

② 这两位殖民地官员为庆祝 1903 年法国国庆节（7 月 14 日），把炸药桶塞进两名土著的肛门里引爆，该事件随后被布拉柴揭发，却没有引起法国政府重视，最后不了了之。

斗争，长达一年的反抗斗争致使整个国家满目疮痍、民不聊生。20 世纪上半叶，由于巴亚人（les Gbaya）不堪忍受法国殖民者的虐待，曾揭竿起义。1928 年巴亚人发起了历时三年的反抗行动，用以回应刚果－大西洋铁路强征民夫的措施，三年的战争导致整个法属赤道非洲相关国家土地荒芜、哀鸿遍野。

　　与此同时，非洲各地的起义活动此起彼伏。1879 年的莱索托抵抗运动；1885 年至 1887 年塞内加尔东部的马马多·拉明（Mamadou Lamine）起义；1884 年葡属东非的马辛吉尔（Massingire）抵抗运动；1888 年至 1891 年德属东非（今坦噶尼喀）的阿布舒利（Abushuri）起义、1896 年至 1897 年罗得西亚的恩德贝勒人（les Ndebele）和绍纳人起义，以及贝专纳（Bechuanaland，今博茨瓦纳）的特拉平（Tlaping）起义等，诸如此类的例子不胜枚举。这些起义与反抗运动多数以拒绝缴纳人头税为诉求，但在欧洲殖民者血腥残暴的镇压下，所有起义均以失败而告终，并导致数以万计的起义者失去生命。

　　随之而来的混乱则是大规模的宗教信仰转换引起的，因为这些孤立无援的国家把宗教作为他们最后的避难所。自第一次世界大战起，非洲教派和黑人教会或多或少向混合主义的方向发展，并对信奉伊斯兰教和原始宗教的人群造成了影响。许多救世主教会都是基于基督教的原型出现的，如埃塞俄比亚教会、南非的瞭望塔教会（源自美国的基督复临安息日会）、刚果的基班古教派（kimbanguisme，今刚果第二大基督教教派）、科特迪瓦的哈里斯特教会、津巴布韦马绍纳兰省（Mashonaland）的犹太复国主义运动（mouvement zioniste）等。

在新出现的这些教会中，有些与政治有着千丝万缕的关系。如"现代"刚果（被比利时和法国殖民时期的刚果）工会会员安德烈·马茨瓦（André Matswa，1899—1942）领导的著名的宗教反殖民运动，号召刚果的基督教教会实行非洲化和民主化。在其去世后，刚果－布拉柴维尔（Congo-Brazzaville）南部的拉里（Lari）地区诞生了颇具弥赛亚主义①（messianisme）风格的"马茨瓦主义"。

这些教派与黑人教会的运动，表达了对日益残酷的殖民统治的不满与回应。苛捐杂税作为殖民剥削的工具，被剥削者只能被迫劳动挣钱，以支付各种名目的税费；为保证棉花、棕榈油、蔗糖等经济作物的出口，强制性耕种田地成为殖民剥削的另一种表现形式，即使在两次世界大战期间，可可和咖啡仍是乌干达和象牙海岸的主要出口产品；在殖民体制下，以公共工程建设为借口强征免费或低酬劳的民夫是殖民统治的第三种剥削形式。因此在 20 世纪上半叶，苛捐杂税、强制招募劳工以及强制性耕种田地成为非洲殖民当局收入来源的关键。无论殖民当局如何更替，其压榨剥削的本性未曾改变。

在比属刚果和葡萄牙殖民地，强制性招募劳工属于合法行为。但1789年，法国大革命时期颁布的纲领性文件——《人权与公民权宣言》（la Déclaration des droits de l'homme et du citoyen）颁布之后，法属殖民地强制招募劳工的现象在理论上不复存在了。强制招募劳工的做法在非洲殖民地非常普遍（尤其是在第一、第二次世界大战期间），1947

① "弥赛亚"是个圣经词语，指的是上帝所选中的具有特殊的权力的人，在西方很多国家具有救世主的意思。

年被称为科特迪瓦国父的乌弗埃－博瓦尼（Felix Houphouet-Boigny，
1905—1993）率先在该国废除强制招募劳工制度。除了这些压迫手段外，
白人殖民者还在南非、肯尼亚高原地区实行令人可恨的种族隔离制度。

在这些压迫与剥削下，一些新兴市场由此出现，而且促进了货币经
济的发展，同时也加速了西方的经济渗透，1930 年达到高潮。在这样一
个发展不平衡的社会里，殖民当局完全不顾殖民地人口不足的现状以及
自身社会结构的特点，通过压榨现有劳动力，强迫非洲人从事种植性劳动，
从而满足农产品和经济作物的战略需要。

事实上，一方面，殖民者需要大量非洲人从事种植性劳动；另一方
面，大部分青壮年男性被迫背井离乡，前往城里或外地从事房屋建筑、
铁路建设以及采矿的工作。与此同时，在殖民地招募兵员也对非洲劳动
力造成了影响。1914 年至 1918 年间，由于战争的需要，许多欧洲国家
需要大量的殖民地人民加入到战争中来，以补充本国兵员不足的状况[1]。
由此导致的非洲饥荒与反抗，体现了殖民地的社会结构和经济结构整体
处于脆弱性态势。

在 1920 年至 1935 年期间，非洲大陆基本处于持续被殖民的状态。
在此时期，尽管非洲国家加速融入世界资本主义体系，但在社会建设方
面（卫生、教育、科学技术）几乎没有获得任何改善。物价等各方面费
用上涨，导致非洲人的生活条件更加恶化。在经济大萧条时期，非洲社
会极度贫困的部分原因，在于他们越来越不注重农村社会经济结构建设，

---

① 英国在第一次世界大战期间，大约招募了 20 万名青年男性入伍，其中有 8 万人
是英属西非殖民地人口。

致使现在已经处于岌岌可危的地步。只有热带地区的黄金海岸，作为世界上最大的可可出口国，自1911年以来它的农业种植逐渐由当地土著农民控制，因此在这次大萧条中逃过一劫。

长达4年的经济大萧条，在经历了短暂的复苏之后，再次因第二次世界大战爆发而放缓。1950年至1952年，热带经济作物交易以及非洲大型企业的利润始终保持在一个恒定值，达到历史最高。1952年，欧洲列强把目光暂时转移到朝鲜半岛危机上，因此这一年对非洲至关重要，非洲大陆的殖民剥削趋势正逐渐逆转。同时由于非洲人民的不断反抗，殖民当局付出的代价也越来越高。于是西方商人逐渐转变其在非洲殖民地的剥削形式：后殖民主义或新殖民主义剥削。

现代经济体制的诞生打乱了早期的社会结构，也激发了非洲的发展活力。20世纪30年代，除南非外，几乎整个非洲大陆出现了各种工会组织和政治抵抗运动，这些工会组织和政治抵抗组织成为"二战"后争取民族独立的中坚力量。

现代化的剥削形式

20 世纪 30 年代西方经济的崩溃，迫使殖民者不得不调整其殖民模式。新模式要求殖民当局必须接受本国政府的监督，且本国政府不再以任何名义向殖民投入任何资金。自 1929 年起，英国创建了"殖民地发展基金"。法国政府于 1919 年通过一项优先在殖民地重建大城市的提案，但由于没有得到资金支持而搁浅。1923 年法国前殖民部部长阿尔贝·萨罗（Albert Sarraut，1872—1962）以"殖民地的发展"为名再次提出该议案。20 世纪 30 年代，该提案出于同样的原因被终止：法国政府拒绝提供资金支持。

1944 年，布拉柴维尔大会的召开，预示着即将建立"社会经济发展与投资基金"。1946 年，该基金建立，其最大特点是拥有财政自主权。法国投资的资金占45%，剩余部分从"法国海外合作基金"中以贷款的形式补充。在公共卫生领域，法国把以往的治疗保健制度修改为预防保健和接种疫苗的卫生政策，在提高卫生条件的同时，大大降低了医疗费用的开支。该政策实施后，法属殖民地的人口在1950年至1960年间大幅增长。

"二战"后，殖民地的教育状况也有所改善。在20世纪50年代，男性入学接受教育的比例从6%上升至50%。由于既有高等学校很少[①]，外加高等教育体制不健全，致使许多学生出国（大多前往宗主国）接受教育，其中也有一些出类拔萃的学生，如首任加纳总统夸梅·恩克鲁玛（Kwame Nkrumah，1909—1972）曾前往美国求学，塞内加尔国父莱奥波德·桑格尔和《今日非洲》（*Présence Africaine*）杂志创办人阿利恩·迪奥普（Alioune Diop，1910—1980）都曾前往法国学习。

在第二次世界大战之前，能够接受类似精英教育的人毕竟占少数，真正对社会影响较大的是各行各业的普通工作者，如学校的教师、政府的小官员、公司的小职员等中产阶级，他们被培养成管理和技术领域中的精英，对殖民地国家和社会的发展进步发挥着不可磨灭的作用。无论中产阶级还是各级工会和新政党的中流砥柱，尽管反对殖民统治，但在殖民当局恩威并施的政策下，也逐渐习惯了眼下的生活。在法属西非，法国人民阵线政府于1936年授权非洲工会运动；而英国政府则在1945

---

① 1827年在塞拉利昂建立的福拉湾学院（Collège de Fourah-Bay）、1841年在南非建立的勒弗戴尔学院（Collège de Lovedale）、1903年在塞内加尔创建的法属西非威廉·庞蒂师范学校（l'École d'instituteurs de l'AOF William-Ponty）等。

年"二战"结束后才批准。

这些"现代精英"也是各种抵抗运动的中坚力量：1930 年至 1931 年间，尤其是在 1938 年，抵制西方市场在非洲的农产品贸易和商业贸易；1959 年，抵制布干达的印度商店……除抵抗运动外，中产阶级还经常组织各行业工人罢工。19 世纪末，非洲大陆第一次罢工即出现在英属西非。现代经济领域中罢工最严重的行业主要包括矿工罢工[①]、铁路工人罢工[②]以及城市工人罢工（1945 年尼日利亚大罢工）。

第二次世界大战为非洲人打开了一扇对外交流的大门，随着非洲人不断同其他民族交流往来，他们获得了许多外界的先进思想。但是除针对个别特权阶级外，殖民当局在非洲大陆实行严格的意识形态审查制度。譬如，1941 年《大西洋宪章》以及 1945 年《联合国宪章》中规定的"人民自决的自由"原则、法属西非共产主义研究小组的马克思主义、美国和加勒比地区非裔的泛非洲主义思想等先进的革命思想很难渗透进来。

与此同时，在非洲大陆也出现诸如非洲民主联盟（1947 年）、黄金海岸人民党公约组织（1944 年）等激进的现代政党。他们往往利用法律

---

① 矿工罢工主要出现在：1920 年和 1946 年的南非、1927 年和 1945 年的南罗得西亚、1935 年和 1940 年的铜带省。

② 1945 年加麦隆铁路工人大罢工、1939 年及 1947—1948 年间达喀尔—尼日尔线路工人罢工。

手段对殖民当局施加压力（恩克鲁玛的"平权运动"[①]），在实属无奈的情况下，会付诸暴力（如 1952 年至 1956 年间肯尼亚的莫莫起义、1947年的马达加斯加反抗斗争、1955 年喀麦隆起义和 1960 年的刚果起义等）。虽然有时使用种族或新传统宗教等古老的形式，但他们仍不惜与殖民主义和霸权主义决裂，以激进的方式反对殖民主义剥削。

欧洲的殖民也对至少两三代甚至更多代的非洲人产生了影响。20 世纪 60 年代出生的非洲人，与其父母相比，完全判若两个不同世纪的人。他们两代人之间的文化传统是不一样的（其实我们这一代与他们也不同）。然而，正如本书开头所述，非洲历史远不止这些，因此这个关键阶段并不能说明一切。出于这个原因，许多非洲人的"回归"意愿并非是真正地回到他们祖先的时代，而是想重塑昔日的民族精神。

无论历史如何，我们既不能把它删除，亦无法对其评判。历史学家有时显得很荒谬，尤其是在评判历史的是与非、功与过的时候。欧洲殖民化改变了非洲人的历史进程，这仅是一个历史事实，对历史本身而言是没有任何意义的。在 19 世纪下半叶，西方国家尚不清楚该如何调整自己国内面临的政治、经济、科技等方面的问题，因此在考虑到当时的国际背景和欧洲的历史背景时，这段殖民历史更应该归属于纯粹的知识领域和置于道德领域进行评价。

在历史上，任何一个历史因素本身是没有"正面"和"负面"之分

---

① 平权运动是在 20 世纪 60 年代，非裔美国人为争取民权、妇女解放、性革命等一系列权利而兴起的一项社会运动。该运动的宗旨在于主张在大学招生、政府招标等情况下照顾如少数民族、女性等弱势群体，是一个特定时期"种族优先"的法律，保障他们不会在教育及工作方面受到歧视及不公平对待。

的。但倘若从长远的角度来看该历史因素，可能就会出现正面或负面的评价。这样的现象屡见不鲜。如法国前殖民部部长阿尔贝·萨罗从长远考虑殖民地的发展问题，曾在 1919 年全力主张在殖民地投资健康和教育设施，但苦于不能获得政府的资金支持而无疾而终。他不能相信会有这样的结果："对于这种道德教育政策，难道不是为推动殖民地独立做准备吗？……即便如此，我们的子孙后代也将可能身处于一个纷繁复杂的国家环境下，我们现在所做的一切，无论如何应该为他们做个表率和榜样。"[1]

以殖民地卫生健康为例，一直以来其基本目标是治疗病人和救死扶伤，而且优先针对工人及其家人，因此对殖民地整体人口的增减没有造成显著影响。1924 年，法属西非地区提出把医疗卫生范围扩大至母婴，然而一直未付诸实践。直至第二次世界大战前后，殖民地的卫生部门才坚决执行以预防为主、治疗为辅的卫生健康制度，实施的关键则是强制性注射疫苗。预防接种制度实施后的效果立竿见影：婴幼儿死亡率由之前的 25% 下降至 10% 以内[2]。与此同时，由于母婴保健制度的确立，人口出生率呈增长趋势且接近生物最大值。所以自 20 世纪 50 年代开始，非洲人口数量大幅度提高。

20 世纪 60 年代初，一些获得独立的国家资源匮乏、管理人员紧缺。

---

[1]　阿尔贝·萨罗. 殖民地的发展 [M]. 巴黎: 帕约出版集团, 1923 年, 第 115—117 页。（Albert Sarraut. *La Mise en valeur des colonies*. Paris: Payot, 1923, pp. 115—117.）

[2]　死亡率和出生率体现的是每年死亡和出生的人数，这里使用的是样本数据，即在总人口中抽查 1000 人作为样本进行统计的数据。这里的婴儿死亡率是以一整年内出生的婴儿数量作为统计基数的。

教育方面，尽管各方面不断努力，但是接受学校教育的学龄儿童比例仍然很低：男生不到一半，而女生只占了四分之一。自 20 世纪 70 年代起，年轻人数量剧增，城市里遍布失业人员。医疗卫生方面，希望原宗主国会给予资金扶持，也希望有足够的医生能够救死扶伤！但这都是一些几乎不可能在中短期内就可以解决的问题。

　　对于这些客观存在的问题，我们到底该从正面还是从负面来评价呢？事实上，无论从哪个方面评价，都将显得很荒谬。可能大多数人会认为是殖民者、人口统计学家以及各种政策都缺乏前瞻性。资金、人口、经济、政治等多重因素相结合，一切历史问题就变得很复杂了。查明事实，弄清前因后果，就会明白某一历史问题的过程及影响。事实上，了解历史的方法很简单：只要不带有任何禁忌和复杂心情，承认历史本身的复杂性，就能更好地思考未来。

第十章

非殖民化与非洲独立

当代非洲国家的成长历程

　　殖民化与非殖民化是紧密相连的，不能孤立地理解其中任何一个概念。正如各个国家独立日显示，大部分当代非洲国家并非诞生于20世纪60年代。早在1885年的柏林国际会议以及1900年南非白人联盟成立之后，当代非洲已初现雏形。正是在这一时期，殖民地领土边界线被确认。各非洲国家不再根据前帝国时期的疆界进行划分，而是按照各宗主国的势力范围加以确定，往往比较模糊且随时可能发生变化，但他们的不可侵犯性被写进1963年的《非洲统一组织宪章》。

　　当时，这些新独立的国家认为他们有其他更紧迫的问题亟待解决，那就是从殖民当局手中争取自由。值得注意的是，除具有独特民族主义特征的厄立特里亚取得成功外，尼日利亚的比夫拉（Biafra）以及扎伊尔的加丹加和沙坝等国家和地区的尝试均以失败告终。

厄立特里亚曾是埃塞俄比亚帝国的一个省，西邻苏丹共和国，南邻吉布提（Djibouti），东隔红海与沙特阿拉伯和也门相望。在法国封锁了非洲东北部亚丁湾西岸的吉布提后，这里成为红海进出印度洋的唯一通道，因此战略地位极为重要。1890 年，意大利将阿斯马拉（Asmara）、阿萨布（Assab）、马萨瓦（Massawa）等占领区合并为殖民地，并命名为厄立特里亚省。1941 年，厄立特里亚被英军占领，成为英国的托管地。随后，厄立特里亚成为英国在红海的桥头堡，并推动其工业经济发展和现代化。1952 年，埃塞俄比亚联邦成立，厄立特里亚组成地方政府。1953 年，英军撤出。生活在厄立特里亚的工人阶级极为活跃，厄人民先后成立了厄解放阵线、厄人民解放阵线等反对联邦政府统治的组织，积极开展争取独立的武装斗争。经过漫长的谈判与不懈斗争，在 1993 年的全民公决中，厄立特里亚正式宣告独立。在长期的民族独立运动中，厄人民形成了强烈的民族主义精神。

今天，非洲民族国家至少三代人住在同一边界内，使用着同样的法律、经历相同的政治体制（包括专制独裁），所以即便在战乱不断的刚果—金沙萨（Congo-Kinshasa，刚果民主共和国）和科特迪瓦，他们尚未遇到无法解决的民族危机。但由于南非的特殊历史背景，其国内种族对立的情况比大陆其他地方更加明显。在少数极端民族主义的黑人和白人中，尽管存在分裂主义的冲动，但绝大多数人对建设一个统一国家的愿望是毋庸置疑的。

法国

葡萄牙　西班牙　　意大利

马德拉
(葡)

加那利群岛
(西)　　　摩洛哥　　　突尼斯

里奥-德奥罗　　　　　　利比亚　　埃及　　　奥斯曼帝国

阿尔及利亚

佛得角群岛
(葡)

冈比亚　　　　法属西非　　　法属　英属埃及苏丹　法属索马里兰

葡属几内亚　　　　　　　赤道

赛纳里昂　　　　　尼日利亚　　　　　　　　　埃塞俄比亚　英属索马里

利比里亚　　多哥　　　喀麦隆　　　　乌干达　　意属索马里

黄金海岸　圣多美(葡)　　　　　　肯尼亚

赤道几内亚　　加蓬　比属刚果　　德属东非　桑给巴尔岛(英)

阿森松岛
□(英)　　　　　　　　　　　　　　　　　　　塞舌尔(英)

科摩罗(法)

圣赫勒拿　　　　　　安哥拉　　北罗得西亚　尼亚萨兰

□(英)　　　　　　　　　　　南罗得西亚　　　　马达加斯加　毛里求斯(英)

西南非洲　贝专纳　　　　　　　　留尼汪岛(法)

斯威士兰

南非联盟　巴苏陀兰

1 000 km

殖民领地：

法属　　　　比属　　　　意大利属

英属　　　　葡属　　　　西班牙属

德属

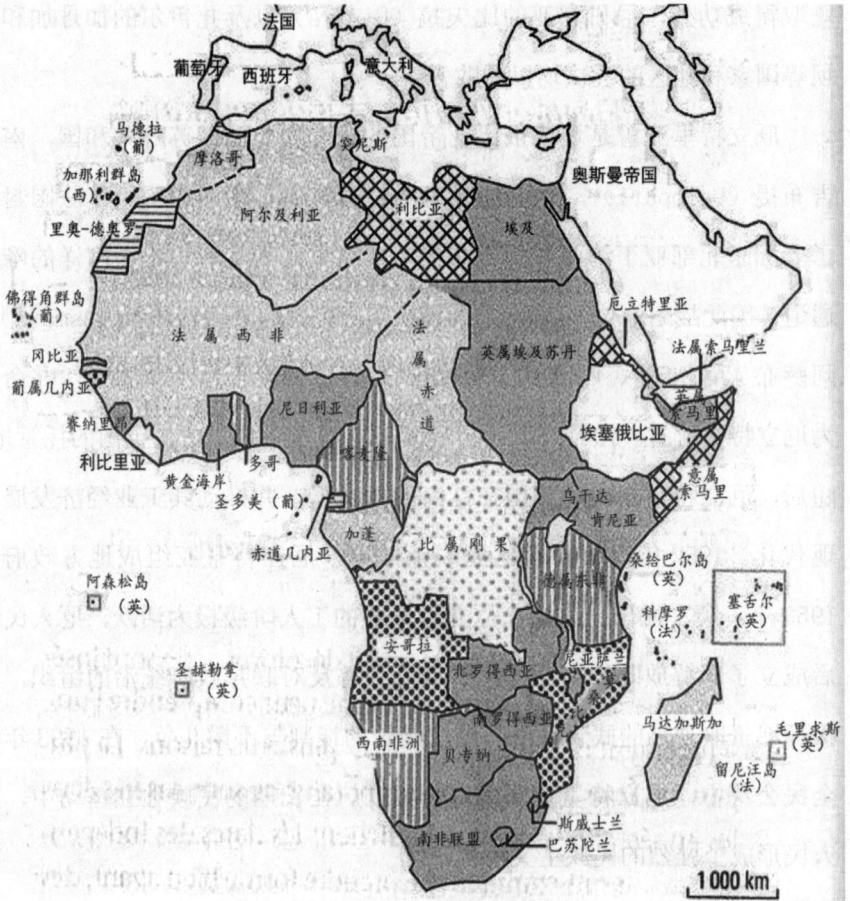

第一次世界大战前夕的非洲殖民版图

　　事实上，南非并不是建立在"民族认同"的基础之上。尽管目前南非国内仍存在种族不平等的现象，但黑人和白人期望政治平等的意愿非常强烈。长达几个世纪的殖民统治，白人与黑人之间不断迁移、混居并相互通婚，致使其民族的构成极具复杂性。但其国内采矿业和工业发展形成了一个连贯的自由经济体制，成为国家统一的基础。无论过程如何艰难，很显然民族的统一进程仍在砥砺前行。

　　当经济目标到了穷途末路的时候，人们就把身份构建和种族仇恨作为避难所。非洲目前的发展与近两个世纪以来中欧国家的历史很相似，极为注重追求其"民族历史"。正是地方民族主义的恶化致使国家的政治努力屡遭失败。

　　非殖民化运动最终让各个殖民地逐渐走上独立解放之路，有的民族国家（如加纳）甚至在此之前已经实现了民族独立。欧洲国家的殖民征服几乎导致整个非洲大陆都存在地方性或区域性的农民起义与工人暴动。在两次世界大战期间，那些被称为"精英"的中产阶级逐渐要求获得并行使权力。尽管受到警察的严密监视以及各级殖民政府的镇压，但反殖民主义者仍通过激进组织表达自己对权力的诉求。

　　有些工会组织还取得了惊人的成果，如在喀麦隆工会领导人鲁本·尼奥贝（Ruben Um Nyobe，1913—1958）的组织下，20 世纪 50 年代发动一系列工农暴动，旨在争取国家的统一①。同样的现象还出现在上沃尔特地区（今布基纳法索境内）。在法国殖民统治时期，布基纳法索几经肢解：1904 年至 1919 年，它被划归上塞内加尔和尼日尔殖民地；第一次世界大战后，法国为加强统治，1919 年建立了上沃尔特殖民地；1932 年，布基纳法索又被分割成 3 部分：北部划归法属苏丹，东部划归尼日尔，中部、南部和西部划归象牙海岸（即今科特迪瓦）；1947 年，在上沃尔特人民的积极争取下，又重新成为法属西非领地中一个单独的殖民地。

第一次世界大战期间，世界各国在非洲招募了大量士兵，其中法属西非和马格里布地区分别贡献了 20 万人；第二次世界大战期间，随着 1941 年《大西洋宪章》和 1945 年《联合国宪章》先后申明了"人民自决的自由"，因此这两次世界大战成为非洲国家脱离殖民、争取独立解放的重要转折点。

"二战"之后，英国实力迅速衰落，由于民族主义国家思想的兴起和印度人民的非暴力不合作运动的广泛开展，遂准许印度独立。但此时印度的穆斯林已经开始谋划建立单独的伊斯兰国家——巴基斯坦，英国和印度政府都无力改变印度社会已经分裂的现实，只得同意独立后的印度分裂为印度和巴基斯坦两个国家。1947 年，印度在与巴基斯坦分治后

① 16 世纪后，荷兰、英国、法国和德国殖民者陆续入侵。19 世纪初，喀麦隆沿海地区主要为英国人所控制。19 世纪下半叶，越来越多的德国人来到喀麦隆，此后德国势力逐渐发展起来。到 20 世纪初，喀麦隆全境基本为德国控制。第一次世界大战期间，英法联军击败驻喀麦隆的德军，占领了喀麦隆。1919 年 7 月，英、法两国签署《伦敦宣言》瓜分喀麦隆：法国占东部领土，约占总面积的 4/5；英国在西部，约占总面积的 1/5，自此开始，喀麦隆处于分裂状态。

实现独立，但仍然留在英联邦内。随后，1949 年，印度尼西亚脱离荷兰的殖民统治而独立，荷兰在印度尼西亚长达 340 多年的殖民统治宣告结束。

而此时的撒哈拉以南非洲人民也正在积极争取民族的独立解放。1957 年，在泛非活动家夸梅·恩克鲁玛的带领下，黄金海岸发动政变，随后独立。独立之后的黄金海岸参照曾在中世纪时期辉煌一时的萨赫勒帝国——加纳帝国，更名为加纳。由于殖民地争取独立解放的呼声日益高涨，法国于 1946 年和 1962 年分别在印度支那联邦和阿尔及利亚盲目地发动两场镇压殖民地起义的战争。无论是贝当（Philippe Pétain，1856—1951）的维希政府借口维护法国主权，还是戴高乐的自由法国，作为法国的合法政府维护法国"领土完整"，这两场战争都是帝王思想在作祟。

许多法语非洲国家领导人的政治意识形态，很大程度上被这种独特的帝国主义思想同化：作为争取殖民地独立解放中坚力量的中产阶级，并非真正地希望完全独立，而只是渴望拥有同法国公民同样的权利而已。所谓完全同化的梦想，就是让"法国的非洲人"消失，使自己成为真正的法国人。这是因为早在 1916 年，塞内加尔"四大城市"（圣路易、戈雷、达喀尔和吕菲斯克）的居民就拥有了法国国籍，成为真正的法国公民了①。1947 年，在非裔加勒比政治家艾梅·塞萨尔（Aimé Césaire，

---

①　1848 年，法国政府恢复了大革命时期的选举制度，规定从第一帝国至拿破仑战争之前的幸存者有权利参与国民议会选举。布莱兹·迪加涅（Blaise Diagne，1872—1934）是首位当选法国国民议会代表的殖民地公民。

1913—2008）的领导下，安的列斯群岛也被划为法国的海外省。法国殖民地国家长期以来为追求法国公民身份的诉求，已经逐渐演变成为他们国内的政治需求。

20 世纪上半叶，非洲大陆几乎完全处于殖民统治状态，导致非洲被隔离在全球竞争体系之外。尤其是在 20 世纪 30 年代的大萧条时期，非洲大陆似乎从地球上消失了，但这种与世隔绝的状态毕竟很短暂。自"二战"至冷战结束，非洲又"回归到"全球体系中来。

首先，非洲在"二战"期间成为盟军的重要战场。1940 年，布拉柴维尔成为自由法国的象征性首都。1944 年，戴高乐的自由法国与法属非洲殖民地代表在布拉柴维尔举行了一次会议，这次会议决定重定"二战"后法国及其非洲殖民地的关系，撒哈拉沙漠以南非洲摆脱殖民统治的思想由此萌发。其次，盟军把非洲作为新的起点，反攻欧洲大陆，为盟军部队成功夺回欧洲南部地区起到了至关重要的作用。最后，在冷战期间，非洲成为东西方阵营相互较量的战略中心和外交中心。

另外，独立后的非洲各民族国家意识到自身的优势，为第三世界不结盟政策的推行做出了应有贡献。不结盟政策产生于 1955 年举行的万隆会议，与会的 29 个第三世界国家的领导人向世界表明自己不愿意卷入美国和苏联之间的冷战，而将反对殖民主义、争取民族独立自主、消除贫穷和经济发展作为自己的目标。1956 年 7 月，南斯拉夫总统铁托（Josip Broz Tito, 1892—1980）、埃及总统纳赛尔（Gamal Abdel Nasser, 1918—1970）和印度总理尼赫鲁（Jawaharlal Nehru, 1889—1964）在南斯拉夫举行会议，三国领袖共同宣言反对把"世界分成强有力的国家集团"。1961 年 9 月，在南斯拉夫总统铁托的努力下，由埃及、南斯拉夫、印度、印度尼西亚、阿富汗五国发起的第一次不结盟运动首脑会议终于在南斯拉夫首都贝尔格莱德（Belgrade）召开，会议一致通过反对任何形势的"殖民主义、帝国主义和新殖民主义"，要求签订国际性的裁军条约，消除经济不平衡，废除国际贸易中心的不等价交换。

20 世纪 60 年代至 80 年代期间，非洲在国际社会上的角色逐渐加强。包括岛屿在内的 53 个国家（直至 1963 年非洲统一组织建立，8 个岛国还没有独立）在联合国事务中发挥着重要作用。在冷战时期，非洲成为西方阵营（美国和西欧）和东方阵营（苏联和中国）战略竞争的中心，同时也是双方必不可少的战略缓冲区。同时，随着 1960 年 17 个获得独立的国家彼此靠拢，形成了三个国家集团，即 12 个法语非洲国家组成的"布拉柴维尔集团"、加纳等 6 国组成的"卡萨布兰卡集团"、利比里亚等 20 国组成的"蒙罗维亚集团"。它们在非洲统一问题上存在原则分歧："卡萨布兰卡集团"积极鼓吹非洲统一、"布拉柴维尔集团"主张慢慢来、"蒙罗维亚集团"认为非洲根本没有统一的必要。正是如此，这里也成了三个集团各自争权夺利的中心。

自 1989 年 11 月 9 日推倒"柏林墙"和东欧剧变，以及 1991 年 12 月 25 日苏联解体后，非洲在世界上的重要性并没有降低。冷战的结束尽管中断了两个阵营的直接竞争，但军火贸易并未结束，非洲各国成为两大阵营的主要军火消费市场。在这一形势下，由于非洲各国政权的无能，

其当代政治史成为悲剧的代名词。1994 年的卢旺达大屠杀 ① 即可窥一斑
而知全豹。最近几年，非洲的发展尽管全部依靠石油出口以及其他有价
值的矿产资源开发，但也意味着非洲是在同世界其他国家一起进步。

---

① 当前许多出版物上都有关于卢旺达大屠杀的报道，因此我们这里不再做详细
讨论。但是我们应该知道的是，卢旺达大屠杀并非种族冲突，而是因政治、人口、
土地、民族主义等综合因素导致的。参见：克莱特·布雷克曼. 非洲的恐惧：布隆
迪、卢旺达和扎伊尔 [M]. 巴黎：法亚尔出版社，1996 年（Colette Braeckman. *Terreur
africaine: Burundi, Rwanda, Zaïre, les racines de la violence*. Paris: Fayard, 1996.）；
新的掠食者：中非的政权 [M]. 布鲁塞尔：阿登出版社，2009 年（*Les nouveaux
prédateurs: politique des puissances en Afrique centrale*. Bruxelles: Aden, 2009.）。

摩洛哥
1956

阿尔及利亚
1962

突尼斯
1956

利比亚
1951

埃及
1922

佛得角
1975

毛里塔尼亚
1960

马里
1960

尼日尔
1960

乍得
1960

苏丹
1956

厄立特里亚
1993

塞内加尔
1960

冈比亚
1965

几内亚比绍
1974

布基纳法索
1960

吉布提
1977

几内亚
1958

尼日利亚
1960

喀麦隆
1960

中非
1960

南苏丹
2011

埃塞俄比亚
1941

塞拉利昂
1961

加纳
1957

贝宁
1960

乌干达
1962

肯尼亚
1963

索马里
1960

利比里亚
1847

多哥
1960

加蓬
1960

刚果（布）
1960

卢旺达
1962

科特迪瓦
1960

刚果（金）
1960

布隆迪
1962

坦桑比亚
1961

塞舌尔
1976

圣多美和
普林西比
1975

赤道几
内亚
1968

安哥拉
1975

科摩罗
1975

赞比亚
1964

马拉维
1964

1960 独立的日期

纳米比亚
1990

博茨瓦纳
1966

津巴布韦
1980

莫桑比克
1975

马达加斯加
1958

斯威士兰
1968

南非
1961

莱索托
1966

1000 km

今日非洲版图

独立

　　20世纪60年代初，在加纳总统夸梅·恩克鲁玛以及中非共和国泛非活动家巴尔米·博甘达（Barthélemy Boganda，1910—1959）的影响下，以促进非洲国家的统一与团结，努力改善非洲各国人民的生活，保卫各国的主权、领土完整与独立、从非洲根除一切形式的殖民主义为宗旨的"非洲统一组织"成立，非洲各民族国家进行民族解放的政治意愿进一步加强。

　　但在非洲大部分地区，争取独立解放的途径仍然是野蛮、暴力的武装斗争。尤其"二战"之后，许多欧洲国家纷纷放弃殖民政策，允许殖民地独立。但葡萄牙的右翼政权——萨拉查（Salazar）政权坚持奉行殖民主义，继续在海外派驻军队，镇压当地人民的反殖民斗争。一些伟大的政治领袖积极领导各国人民同殖民当局开展游击斗争，如几内亚比绍共和国的阿米尔卡尔·卡布拉尔（Amilcar Cabral，1924—1973）、安哥拉共和国的阿戈斯廷霍·尼图（Agostinho Neto，1922—1979）和马里奥·安德拉德（Mário de Andrade，1893—1945）、莫桑比克共和国的爱德华多·蒙德兰（Eduardo Mondlane，1920—1969）等。

1974年4月25日，里斯本民众为逼迫萨拉查极右政权放弃殖民地统治，许多军人和民众军人以手持康乃馨花来代替步枪，发动军事政变，一举推翻了20世纪西欧为期最长的独裁政权（42年），被称为"康乃馨革命"。在南非，曼德拉率领民众决心废除国大党于1960年推行的种族隔离制度。他于1962年被捕，关押了28年后被释放，最终于1994年当选南非总统。肯尼亚人民为打击英国在该国设立的种族隔离制度、反对殖民，于1952年至1956年发起长达4年的莫莫起义，并说服英国放弃殖民制度，从而加快了独立步伐（1963年）。1964年，尽管不被原宗主国（英国）承认，但罗得西亚30万白人仍旧单方面宣布独立。1980年，南罗得西亚人民在约书亚·恩科莫（Joshua Nkomo，1917—1999）和罗伯特·穆加贝（Robert Mugabe，1924—）的策划下发动武装起义，并获得胜利，在国家政权顺利转移到黑人政府的手上之后，国名由罗得西亚改为津巴布韦。

作为法属殖民地的撒哈拉沙漠以南非洲国家，尽管它们很少通过武装斗争争取独立，但其与法国政府谈判的历程也异常艰辛，因此我们不能称之为"被授予"独立的权利。法国人在这些殖民地采取的政策与在北非采取的政策不同。在这些地方，法国人精心培育出来了土著的精英阶层。这些人接受法国的教育，完全接受了法国的文化，把非洲的传统、宗法、习俗统统抛弃，并以此为荣。这些精英们普遍对法国政府忠心耿耿，安心接受法国的统治，并以自己是法国这个世界强权的一分子而自豪骄傲。

政治斗争当然也存在，不过当英国殖民地的土著反抗者在考虑民族独立的时候，法国殖民地的精英们想到的，是如何为土著人争取与本土的法国人同等的政治权利。在这些殖民地，这些土著精英们的政治深受法国本土政治风潮的影响，虽然各种思潮的人物都有，却极少有人想过要独立。除 1947 年在马达加斯加和喀麦隆发生过武装起义，并被血腥镇压外，其他地区的独立都是在一系列复杂的国际背景和政治因素的影响下获得成功的。

一方面，1952 年法国政府颁布的《海外劳工法》与法国国内的《劳工法》相悖，导致法国政府在殖民地国家的投入已经超过了他们在此获得的利益。殖民地政府的管理费用和基建投资大部分由法国政府承担，比如在 1946 年至 1958 年间，殖民地 70% 的公共设施建设由法国政府承担，甚至政府运行的费用，法国政府也承担了 30%，因此出于国家经济利益的考量，法国决定逐渐放弃其非洲殖民地。另一方面，1944 年由戴高乐的自由法国与法属非洲殖民地代表在布拉柴维尔举行会议，提出的改革方案促进了非洲的政治进程。这次会议决定，通过建立行政性分权制度，实现地方选举产生议会，从而为所有人打开通向政治生活的大门。

1945 年，法国政府决定殖民地可以有代表进入法国议会。这项改革率先在法属西非和法属赤道非洲联盟实施，但在该制度实施初期，要求现代中产阶级与传统领导人同时参政。在每个殖民地配备省级议会，1948年更名为领地议会，负责投票表决财政预算与税收等事务。联邦总督由军事机构协助，负责管理法属殖民地的行政事务。

尽管当地政府不愿意，但各级工会利用当地知名政治人物发起武装起义，迫使殖民当局让步，使领地议会发挥了实实在在的作用。正是通过地方选举制度，非洲民族解放运动的先驱费利克斯·乌弗埃-博瓦尼赢得了科特迪瓦与上沃尔特联合选区唯一的土著人席位，进入法国国民议会。进入法国议会后，他积极推动改善劳动待遇的法案，与法国共产党合作紧密，并于1946年10月在殖民地成立了自己的跨地域的激进政党——非洲民主联盟。

在非洲民主联盟的努力下，1957年，加蓬、刚果和加纳分别独立，随后尼日利亚、肯尼亚、坦噶尼喀等国纷纷走上独立的道路。在这些殖民地国家涌现出大批政治精英：几内亚共和国首位总统塞古·图雷（Sékou Touré，1922—1984）、科特迪瓦独立之父乌弗埃-博瓦尼、前塞内加尔议会主席马马多·迪亚（Mamadou Dia，1910—2009）、塞内加尔共和国第一位总统莱奥波德·桑戈尔、前加纳共和国总统恩克鲁玛、前坦桑尼亚共和国总统尼雷尔（Julius Nyerere，1922—1999）、肯尼亚共和国首位总统肯雅塔（Jomo Kenyatta，1894—1978）、加蓬共和国首位总统莱昂·姆巴（Léon Mba，1902—1967）、刚果共和国首位总统富尔贝·尤卢（Fulbert Youlou，1917—1972）等。

随着越来越多的殖民地土著在法国政府部门以及殖民地当局任职，

并为殖民地的独立解放而奔走呼吁，法国第四共和国政府在"二战"后逐渐开放其殖民地的政治权力。1946年《拉明盖依法》（*Loi Lamine Guèye*）赋予非洲殖民地本地人有限的公民权；1956年的《框架法》（*Loi Cadre*）建立了仅有咨议权的普选议会……

当时，非洲方面希望国家的宪法能够与国家的经济自主权相匹配。由此我们可以推断，无论是桑格尔设想的"西非联盟"，还是巴尔米·博甘达推崇的"赤道非洲合众国"，变得越来越让普通民众难以琢磨。各个领地通过推行多年的殖民政策，以发展自己的自主性。

戴高乐上任第五共和国的总统位置后，面临着两个殖民地的重大问题：一方面，阿尔及利亚抗法战争把法国逼进了死胡同；另一方面，法属撒哈拉沙漠以南非洲的民族独立运动正在进入高潮。1946年建立的"法兰西联邦"日趋瓦解。1958年9月，戴高乐总统推动国民议会修改第五共和国宪法，把"法兰西联邦"改为"法兰西共同体"。根据宪法规定，共同体各成员国在内政、经济方面享有自主权，但外交、国防等仍由法国控制。

最初，戴高乐希望通过建立共同体，以宗主国和殖民地在新的基础上结盟的方式，给后者一个新的政治地位，从而缓和日益尖锐的矛盾。但共同体正式成立时，塞古·图雷已经带领几内亚人民独立了。而且，这种"自治共和国"并非非洲国家所期望的自由国家。1959年12月，塞内加尔和马里组成的马里联邦首先提出在共同体内独立的要求，继而其他国家也都提出独立要求。戴高乐知道，殖民地走向独立已经是不可避免的趋势了。自1960年起，法属非洲殖民地相继独立。

　　殖民地人民庆祝独立的热情，向世界展示了他们对获得自由是何等的期盼，特别是那些独立的、富有远见卓识的人物是多么希望在此时向世界表达自己的心声。1960 年 6 月 30 日，为庆祝比属刚果宣布独立，帕特里斯·卢蒙巴（Patrice Lumumba，1925—1960）当着比利时国王（Baudouin de Belgique，1930—1993）的面发表了著名演讲，由此也招致了杀身之祸。几个月后，在比利时和美国情报组织的策划下帕特里斯·卢蒙巴被绑架，随后被莫伊兹·冲伯（Moïse Tshombe，1919—1969）集团杀害。事实上，帕特里斯·卢蒙巴并非西方列强所认定的危险的共产主义革命者，他只是一个温和的社会民主人士。他的突然去世，其实是刚果国内十几年的混乱局面造成的。

历史分期

非洲民族国家独立后的 50 年，可以被划分为三个主要阶段。

—— "新殖民主义" 时期："二战" 后至 1968 年

非洲殖民地的民主化进程最初并不可行：尽管"二战"后接受教育的人数有所增加，但毕竟只是少数（尤其是在"二战"期间），大多数人仍为文盲；土著参政极为受限；而国家也不能满足民族立即独立解放的要求，因为一旦解放，可能会破坏作为殖民基础的外向型经济活动。这种矛盾促使人通过身份想象加以补偿，最终导致严重的后果（如卢旺达大屠杀）。

在非洲，部落主义思想肆虐，总统体制比比皆是。同从西方国家"引进"的民主思想完全相反的是，许多独裁者以建设民族国家为名，窃取了民族独立的果实。许多独裁者成为国家元首之后，一心只想人为加快国家的建设。以塞内加尔为例，在有"国父"之称的首位总统桑格尔的领导下，直至 1975 年前后才结束"一党＋一工会"的执政模式。

诸如桑格尔之类的领导人，为了"国家"的利益，往往会忽视"民族"利益。这种观点导致许多前政治活动家逐渐成了无情的暴君，如几内亚的塞古·图雷、加蓬的莱昂·姆巴、刚果的富尔贝·尤卢等。军事政变 [①]加速了专政统治的步伐，从而也导致国家和民族之间的明显分裂。

恩克鲁玛把独立的第一阶段称为"新殖民主义"，在这个回归时期，各种极权主义、民权主义、军事主义、自由派以及马克思列宁主义等思想相互糅杂。此外，所有这些运动均由军事协定支撑，而前宗主国根据自身需要，对军事政变或多或少地进行秘密干预——要么鼓励，要么镇压。

——第二阶段：1968 年至 80 年代

随着非洲的年轻人不断增加以及非洲教育取得的巨大进步，他们的诉求在此期间变得更加清晰。他们要求对大部分协定加以修改、政府干部非洲化、扩大城市的建设等。然而这些年轻人的诉求一开始就遭到无情驳回：1968 年和 1973 年，塞内加尔总统桑格尔分别下令暴力镇压达喀尔的大学生运动；直至 1992 年，科特迪瓦总统乌弗埃－博瓦尼多次镇压国内的学生运动……在其他非洲国家，这种现象也屡见不鲜。

近些年来，法国行政机构往往通过自我包装，以掩盖他们殖民统治的连续性。例如，法国援助与合作基金会（FAC）则由法国的经济合作中

---

① 该演讲的录音可在该网址下载：http://www.nzolani.net/spip.php?article22。

央金库（CCCE，后来的经济发展局）直接领导，紧随其后的法国合作部替代了殖民部下属的法国经济和社会发展投资基金（FIDES）以及法国海外中央委员会（CCFOM）。

20 世纪 70 年代，长期衰退的石油危机（1973—1979）致使非洲发展极为困难。与此同时，尽管民主化进程遭到诸如扎伊尔总统蒙博托（Mobutu Sese Seko, 1930—1997）以及多哥总统埃亚德马等独裁政权的无情镇压，但非洲各民族国家的民主化进程在暗潮涌动中取得了长足发展。

——1989 年之后

随着柏林墙的轰然倒塌，为内部政治与社会释放了巨大力量，非洲的民主之路也迎来了决定性的转折。1990 年 12 月，贝宁全国公民投票通过新宪法，并于 1991 年 2 月举行立法选举，产生贝宁共和国第一届国民议会。1990 年 2 月，南非政治领导人纳尔逊·曼德拉被释放，这也许不是巧合！非洲社会一直未曾停止转型，而且一个个属于公民的政治社会逐渐诞生①。

今天，城镇的平均人口已经超过农村人口，在刚果（布）、加蓬和

---

① 1963 年 1 月 13 日午夜，多哥军事领导人埃亚德马（Gnassingbé Eyadema, 1935—2005）率领突击队，突袭总统府，发动军事政变并取得成功。1963 年的多哥一月政变是第二次世界大战后在撒哈拉沙漠以南非洲新独立国家中发生的第一次军事政变，此次政变为撒哈拉沙漠以南非洲国家成功的军事政变开创了先例。

居伊·拉贝提. 再见，阿比让塞纳河畔：科特迪瓦冲突 [M]. 巴黎：奥特当出版社，2010 年。（Guy Labertit. *Adieu, Abidjan-sur-Seine. Les coulisses du conflit ivoirien.* Paris: Autres Temps, 2010.）

南非等国家，城镇人口数量远远大于农村人口。布雷顿森林体系各机构以减免债务为条件，而强迫发展中国家尤其是严重负债国家接受的结构性调整计划，在全世界引起了争议。尤其是在非洲，它已经被视为一种狭隘的不合理要求。20 世纪 90 年代，在国际货币基金组织和世界银行的支持下，非洲实行经济结构政策调整。尽管一些国家在有限的期间内（通常两年）实现了较高的增长率，但是近乎停滞的人均 GDP 增长率、较低的多元化水平、收入的不平等以及贫困仍然是非洲的现实，从而引起了悲惨的社会后果。

这种经济结构政策的调整，导致中小学、大学、医院都处于水深火热之中。在马里、贝宁、博茨瓦纳等国已取得明显进展的民主化进程，在塞内加尔、尼日尔等国却显得很脆弱，甚至在喀麦隆、多哥、肯尼亚等国遭遇了失败。另外，由于人们对"民主"的错误理解，对于梦想创建自己政党的反对派，可以在同一个国家创建几十个小党派。更糟糕的是，独裁者之间的利益关系密切相连，他们紧紧附庸在原宗主国或其他资本主义国家身上，并与各跨国石油和矿业公司纠结在一起。

尽管如此，独立后的非洲在各方面仍取得了一些傲人成绩：反对政党逐渐组织化，新闻传播日趋自由，暗杀记者成为社会丑闻，中产阶级的范围进一步扩大，互联网和手机彻底改变了整个社会，越来越多的女性进入学校接受教育（除大多数伊斯兰国家外，男女性别比例几乎均等）。

女性是非洲的未来吗？

自 20 世纪 90 年代以来，非洲女性的处境不断趋于乐观。据观察员统计，尽管非洲女性身处大男子主义为主的不利条件，但是她们仍然极具创新和创造能力。今天，生活在城市里的绝大多数女性，终身未接受过学校教育，却要为生计而奔波。这些妇女没有正式工作，只是根据城市里的市场需求，随遇而安。她们保证了整个城市里数以万计的居民的生存，确保他们的食品供应等。在非洲大城市，诸如此类的女性数量远远超过男性的数量。我们无法理解的是，她们在没有固定工作的条件下是如何生存的。

当然，不可否认的是，当今也有许多非洲女性（包括来自欧美的非裔女性）成为受过良好教育的学界精英以及商界领袖。如马里巴马科（Bamako）的阿米娜塔·特劳雷（Aminata Traoré，1947—）女士，著名的社会科学家、作家以及政治家，马里文化部前部长，是一位能够独立开展活动的真正企业家：不仅创办了一家致力于体现马里手工艺品（编织、陶艺、篾条和藤条编制品等）的奢侈品公司，而且还开办了两家颇具卓越品质的当地美食餐厅。

诸如此类的实例在各行各业不断增加，既出现于时尚界，也存在于新闻或政府管理等行业。在法国，几乎还没人知道作为时代标志的商界泛非妇女协会，1999 年在加纳首都阿克拉（Accra）召开其第一次会议，第二次和第三次会议分别在埃塞俄比亚的首都亚的斯亚贝巴（Addis-Abeba）和美国佛罗里达州奥兰多（Orlando）举行。这些女性接受她们生活环境的磨炼与考验，知道如何通过包括网络在内的所有手段，获取当代资本资源，以确保在商业活动中盈利。当前这种现象呈蓬勃发展之势。

此外，非洲女性近年来在政坛也异常活跃。素有"非洲铁娘子"美誉的埃伦·约翰逊·瑟利夫（Ellen Johnson-Sirleaf，1938—），曾在美国几所享有盛名的大学就读，担任过世界银行、联合国开发计划署等国际机构高级职务，于 2006 年 1 月 16 日当选利比里亚总统，成为非洲历史上首位女总统。肯尼亚女权主义者琳内·马索尼·旺耶基（Lynne Muthoni Wanyeki）曾担任妇女发展和传播的泛非网络前总干事。另外，每年还召开多个由妇女组织并为妇女服务的泛非洲年度会议。总之，越来越多的女性在为妇女解放工作奋斗，而且许多人已经获得了成功。

城市治理与民主

  自非洲殖民初期，即有许多人离开农村，前往城市从事"非正式"工作（临时工），当今非洲城市人口就业率达到 70% 左右。事实上，这些人最初被城市里的白人雇用，从事铁路员工、邮递员、搬运工、泥瓦匠、工匠以及服务员等工作。也就是从这时开始，大量女性涌向城里。

  自 20 世纪 50 年代，一些城市过度发展，由此导致众多的城市病。这也是为什么我们很难用传统的城市解决方案来解决当今城市里那些历史沉淀下来的问题，而且这些通常是目前下层社会日常生活中和城市治理中经常遇到的问题。后者旨在解决政治民主化缺失或其存在的困难。但问题是，为了良好运作民主，则必须善治（即健康、严格的行政管理）；反之，若没有民主的"治理"，都是骗局，这是因为管理源自政治，反之则不然。

非洲城市的最新研究表明，并未强调非洲人必须"适应"西方的城市，而该主题在 20 世纪 60 年代至 80 年代的非洲人类学研究中占主导地位，正是在该主题研究的基础上，大家才认为非洲基本上是一个农村（萨科奇总统在达喀尔的演讲中也曾这样表示）。城市并不是让非洲人去适应的地方，而是一个诸说混合、供人们交流的场所，因此当前非洲城市应该集中在城市创造力的建设上。

同时，非洲人无须适应一个让自己觉得陌生的城市，而城市里培养的优秀的后代也绝不愿意回到资源匮乏的农村。应该改变思维方式的是包括城市规划专家在内的西方人，他们必须接受使用新的分析工具，以更好地理解非洲城里人如何以及为什么会建造出城市的典范。换句话说，按照西方的标准，如何让一个运转不灵的城市正常地运转起来呢？

我们甚至可以说，一些城市并不是真的运转不灵，而是国家和政府没有为满足大多数人的需求而进行合理的管理和治理。如尼日利亚西北部城市伊巴丹（Ibadan），全城有 300 多万居民，却只有一个红绿灯，但是城市里整体交通状况相对顺畅。例如在刚果首都金沙萨，长时间的交通拥堵已经成为人们日常生活的一部分，却没有迹象表明公路交通网覆盖不足是非洲大城市交通拥堵的主要原因。

城市空间对社会和文化变革的进程具有决定性影响。与以往相比，现代非洲城市与其他地方一样，是权力集中、政治和社会发展以及文化发明创造的地方。城市里的生活是不容易的，当然，也并不是没有希望的。

尾声

非洲人到底该如何走出自卑、污蔑和伤害的这个怪圈？非洲历史给世人留下一系列令人印象深刻的挫败感，但若要脱离这种符号表征，必须迎头而上。宣称非洲是世界边缘的并不是非洲本土人士；对于非洲人来说正好相反，他们利用已有的知识向世人展示非洲的"正面形象"。非洲人必须找到合适的方式，聚集一切意欲抵制外部攻击的人民力量，尽最大努力用共同力量来建立自信心。

非洲大陆拥有丰富的人口资源，而且这个年轻的、充满活力的、颇具创造性的群体仍在不断增长。同时这块神奇的大陆还蕴藏着异常丰富的矿产资源。除此之外，尽管面临着各种巨大困难，但自 20 世纪 90 年代以来，在民主化进程的驱使下，非洲入学人数仍呈指数级增长。各个民族国家的社会和政治日益分化，中产阶级正在蓬勃发展，极少有人再愿意支持过去的独裁政权。

信息和通信技术的大爆炸（互联网、移动设备、移动技术以及信息技术），使得非洲知识分子越来越容易获得各种所需信息。自由思想也开始在非洲大陆内外传播，但是这种社会思潮的传播必定是困难的，甚至有可能停滞不前或出现倒退现象。与此同时，国际媒体无视非洲当前在各方面所取得的成绩，并抛出"非洲悲观主义"的观点，致使非洲更加被边缘化。让人吃惊的是，一些著名非洲作家①、艺术家②竟然与此同时在他们的作品中强调重新思考非洲人自己的社会，并不偏不倚地进行调整。

倘若要预见非洲的长远未来，那么就必须要弄懂其短暂的殖民历史，更应该通晓其更加短暂的独立史，因为这一切对非洲政治和文化曾产生过巨大的影响。然而，有些别有用心的人紧紧抓住那些无聊的话题不放，把这一时期的非洲历史同整个非洲史强行分离开，目的即是分析殖民的是与非。

事实上，不论非洲殖民及其影响到底如何，我们可以理解的是，它仅仅是非洲历史和世界历史长河中的一个篇章。我们历史学家的职业不

① 其中包括：塞莱斯廷·蒙加. 虚无主义和黑人文化传统 [M]. 巴黎：伽利玛出版社，2009 年（Célestin Monga. *Nihilisme et négritude*. Paris：Gallimard, 2009）；穆萨·科纳特. 黑非洲是诅咒吗？[M]. 巴黎：法亚尔出版社，2010 年（Moussa Konaté. *L'Afrique noire est-elle maudite ?*. Paris：Fayard, 2010）。

② 例如，科特迪瓦雷鬼歌手蒂肯·杰·法科利（Tiken Jah Fakoly, 1968—）在马里出版了一部名为《非洲革命》（*African Revolution*）的专辑，由此也引起非洲人自我意识的变化。

是判断历史的是非曲直，而是在尊重历史事实的基础上去理解它。面对如此生机勃勃的一片大陆，根据它丰富多样的历史遗产，不仅能够衡量我们今天的现状，而且可以展望我们的未来。

今天的非洲如同昔日的非洲一样，在国际社会中仍然占有举足轻重的地位。冷战结束后，两大阵营的对抗也随之中断，而非洲却成为全球最大的军火消费市场，也成为重要的毒品交易场所，但这些潜在的威胁不应该掩盖希望的种子。

非洲矿产资源总量占全球的三分之一，随着当前原材料价格的飞涨，以及全球交流的加深，即使全球金融危机爆发，撒哈拉沙漠以南地区仍以每年 5% 的速度增长。现在几乎有一半的居民居住在城市，远远超过1980 年 28% 的比例。不可否认的是，如此大数量的城镇居民也随之产生了诸多问题，但它同时还开辟了相当大的国内消费市场。1990 年至 2008年间，非洲同亚洲贸易额增长了 2 倍，达到 28%，与一直独占鳌头的欧洲相当。根据麦肯锡全球研究所（Global Institute McKinsey）2010年的报告显示，非洲中产阶级家庭越来越多，基本与印度持平。观察家预计，非洲经济腾飞指日可待。

接下来要做的就是让非洲成为国际政治集团的一部分。一些非洲政治团体和知名人物利用非洲现在的影响力，逐渐推动非洲政治、社会和经济一体化进程。例如，前马里共和国总统阿尔法·乌马尔·科纳雷（Alpha Oumar Konaré，1946—），在创建泛非运动组织的基础上，建立了非洲统一组织（现更名为非洲联盟），该组织致力于非洲复兴的同时，围绕南北半球问题，避免了非洲的离心极化。

　　不过在此过程中同样存在诸多障碍，其中部分国家领导人过分的狂妄自大，如利比亚前总统卡扎菲（Mouammar Kadhafi，1943—2011），通过各种途径和方式反对旨在推动区域经济一体化进程的南部非洲发展共同体（SADC）建设。此外，地区主义（或区域主义）势力依然强劲，试图根据历史把非洲分为四个部分：北非、西非、中东非和南部非洲。这种分区方式将会是非洲历史发展的一个必要阶段。

　　当前有必要让这些不同的作用力相互影响，并忽略西方的存在。主要是因为非洲大陆仍存在许多重大问题：健康、教育、选举透明度等，与人们的期望还存在一定差距；现实中政治权贵阶层的贪污腐败现象非常严重；无耻的任人唯亲局面严重阻挠了社会的发展；同时非洲大部分国家的经济发展非常脆弱，但绝大多数非洲人却已习惯于此，因为他们大多数人不愿意受条条框框的规章制度约束，所有的生存之道就是"智慧"。

　　当今非洲人口已经超过10亿，其中8亿人口在撒哈拉沙漠以南的非洲，其中四分之三是在独立之后25年内出生的，面对非洲人口的活力与人民的创造力，人们只能叹为观止。非洲的音乐和舞蹈作为深刻表达其政治活力的一种方式，深受西方人喜爱。

　　纵然南非一直存在严重的社会问题，但在其独立后的40多年里，南非人民依靠自己的智慧和力量，改变了自己的生存环境。南非目前面临的问题，也是整个非洲大陆未来可能遇到的，只是时间早晚而已。随着人们接受教育范围的扩大、受教育程度的提高，非洲人民逐渐会意识到需要争取更多的权利，从而导致南非的问题在非洲其他地方提前出现。

正如喀麦隆学者阿希尔·穆本贝（Achille Mbembe, 1957—）所预见："非
洲的时代即将到来，而且近在咫尺。为了加快这个伟大时代到来的步伐，
我们必须通过新的斗争形式来实现。"[1]

---

[1]　阿希尔·穆本贝. 电视全览, 2010 年 10 月 16 日，第 20 页。（Achille Mbembe.
Télérama, 16 Octobre 2010, p. 20.）阿希尔·穆本贝是当今法语国家的重要思想家之一，南
非问题研究专家。

主要参考文献

1. 海伦·达尔梅达－托珀尔. 非洲：蓝色骑士 [J]. 固有观点，2009（2）.

2. 海伦·达尔梅达－托珀尔. 二十世纪诞生的非洲国家 [M]. 巴黎：卡斯特曼出版社，1996.

3. 亚当巴·科纳雷编著. 萨科奇总统眼中的非洲历史 [M]. 巴黎：发现出版社，2008.

4. 弗朗索瓦·拜尔特等. 非洲：一个多种隐含意义的大陆 [M]. 巴黎：学术文献中心－高等教育出版公司，2003.

5. 皮埃尔·布瓦雷，让－皮埃尔·克雷蒂安编著. 古代非洲史：18—19 世纪 [M]. 巴黎：文献出版社，2010.

6. 伊夫·科庞. 猿猴、非洲和人类 [M]. 巴黎：法亚尔出版社，1983.

7. 伊夫·科庞. 人类史 [M]. 巴黎：奥迪尔雅各布出版社，2008.

8. 让－皮埃尔·克雷蒂安. 非洲，一个没有历史的村庄？[M] // 萨科奇眼里的非洲：对历史的否认，巴黎：卡尔塔拉出版社，2008.

9. 凯瑟琳·科克里－维德罗维什. 非洲人：19—20 世纪时期的亚撒哈拉地区女性史 [M]. 巴黎：戴戎凯尔出版社，1994.

10. 凯瑟琳·科克里－维德罗维什. 19 世纪的非洲与非洲人 [M]. 巴黎：阿尔芒科林出版社，1999.

11. 凯瑟琳·科克里－维德罗维什. 发现非洲：从史前史到 18 世纪时期的亚撒哈拉地区 [M]. 巴黎：拉马丹出版社，2003（1965 年第一版）.

12. 凯瑟琳·科克里－维德罗维什，亨利·摩尼奥. 1800 年至今的亚撒哈拉地区（第 5 版）[M]. 巴黎：法国大学出版社，2005（1974 年第一版）.

13. 凯瑟琳·科克里－维德罗维什. 1898—1930 年期间的法属刚果 [M]. 巴黎：社会科学高等学院出版社，2001（1972 年第一版）.

14. 马塞尔·博里尼，贝尔纳·盖诺. 奴隶制地图集 [M]. 巴黎：另类出版社，2006.

15. 菲利普·杰瓦斯－兰博尼. 南非的蓝色骑士 [J]. 固有观点，2009.

16. 杰克·古迪. 历史的飞逝：欧洲人如何让自己的历史为人所知 [M]. 伽利玛出版社，2010.

17. 约翰·利夫. 非洲大陆的历史 [M]. 巴黎：弗拉马里翁出版社，2002（英译本）.

18. 吉恩·乔利. 非洲，欧洲和欧亚的环境 [M]. 巴黎：巴黎－地中海出版社，2004.

19. 约瑟夫·基－泽博. 黑非洲历史 [M]. 巴黎：阿提埃出版社，1978.

20. 阿希尔·穆本贝. 走出黑夜：非殖民化的非洲 [M]. 巴黎：发现

出版社，2010.

21. 艾莉吉亚·姆博考罗，菲利普·斯坦利编著．非洲，一段有历史故事的声音（1960—2000）[M] // 非洲大陆的记忆，法国国际广播电台，2002.

22. 安德烈·萨利福．非洲的奴隶制和奴隶贸易 [M]．巴黎：纳唐出版社，2006.

23. 弗朗西斯·西蒙尼斯．中世纪时期苏丹非洲的大帝国（加纳、马里，桑海）[M]．马赛：埃克斯－马赛出版社，2010.

24. 易卜拉希马·蒂奥卜．西非的奴隶制和奴隶贸易：记忆和历史 [M] // 亚当·巴库纳雷编著．萨科奇眼里的非洲：对历史的否认，巴黎：卡尔塔拉出版社，2008.

25. 玛丽亚·图拉诺，保罗·万德皮特编著．非洲的历史 [M]．莱切：阿尔戈出版社，2003.

26. 贾恩·万西纳．漫步在过去的林中小径：赤道非洲的古老政治传统路径 [M]．姆班达卡：鲁汶天主教大学出版社，1991.

27. 伊曼纽埃尔·沃勒斯坦．欧洲普遍性：从殖民到权力干扰 [M]．巴黎：迪莫波利斯出版社，2008.

作者的著作

[1] 殖民历史的政治较量 [M]. 马赛：阿贡出版社，2009.（*Enjeux politiques de l'histoire coloniale*, Marseille：Agone, 2009.）

[2] 纳粹主义被遗忘的受害者：20 世纪上半叶时期的黑人与德国 [M]. 巴黎：乐谢尔什迷笛出版社，2007.（*Des victimes oubliées du nazisme. Les Noirs et l'Allemagne dans la première moitié du XXᵉ siècle*, Paris：Le Cherche Midi, 2007.）

[3] 1800 年至今的亚撒哈拉地区（最新版）[M].（与亨利·摩尼奥合著）巴黎：法国大学出版社，2005（1974 年第一版）.[*L'Afrique noire de 1800 à nos jours*（avec Henri Moniot）, rééd. Paris：PUF, 2005（1974）.]

[4] 亚撒哈拉地区城市的历史：从史前史到殖民时期 [M]. 巴黎：阿尔宾米歇尔出版社，1993.（*Histoire des villes d'Afrique noire des origines à la colonisation*, Paris：Albin Michel, 1993.）

[5] 非洲人：19—20 世纪时期的亚撒哈拉地区女性史 [M]. 巴黎：戴戎凯尔出版社，1994.（*Les Africaines. Histoire des femmes d'Afrique*

noire du XIXe au XXe siècle, Paris：Desjonquères, 1994.）

[6] 19 世纪的非洲与非洲人 [M]. 巴黎：阿尔芒科林出版社，1999.
（*L'Afrique et les Africains au XIXe siècle*, Paris：Armand Colin, 1999.）

[7] 亚撒哈拉地区：历史的延续与中断（再版）[M]. 巴黎：拉马丹出版社，1992（1983 年第一版）.*[Afrique noire. Permanences et ruptures*, Paris：L'Harmattan, 1992 （Payot, 1983）.]

[8] 1898—1930 年期间的法属刚果 [M]. 巴黎：社会科学高等学院出版社，2001（1972 年第一版）.*[Le Congo （AEF） au temps des grandes compagnies concessionnaires, 1898—1930*, Paris：Éditions de l'EHESS, 2001 （1972）.]

[9] 发现非洲：从史前史到 18 世纪时期的亚撒哈拉地区 [M]. 巴黎：拉马丹出版社，2003（1965 年第一版）.*[La Découverte de l'Afrique. L'Afrique noire atlantique des origines au XVIIIe siècle*, Paris：L'Harmattan, 2003 （Julliard, 1965）.]